Deutsch-Stars Lesetraining: Mit Spaß lesen lernen

Liebe Kinder,

mit diesem Lesetraining könnt ihr selbstständig das Lesen üben:

- im Unterricht, wenn ihr mit euren Aufgaben fertig seid.
- zu Hause, wenn ihr noch mehr üben wollt.

In diesem Heft findet ihr interessante, spannende und lustige Texte.
Hier ist bestimmt für jeden etwas dabei!

Und so wird geübt:

- Bearbeite eine Doppelseite.
- Vergleiche deine Arbeit mit dem Lösungsheft und verbessere Fehler.
- Nun darfst du einen Stern hinten in das Heft kleben.
- Auf manchen Seiten findest du Sternchenaufgaben. Diese sind besonders schwierig. Hast du sie richtig gelöst, darfst du dir auf diesen Seiten einen zusätzlichen Stern kleben.
- Wenn du alle Seiten bearbeitet und mit den Sternen das Bild geschmückt hast, bist du ein **Lese-Star**!

Herr Grün begleitet euch in diesem
Heft und gibt euch an vielen Stellen
Tipps.

Viel Spaß beim Lesenüben!

Hallo Kinder,
schön, dass wir zusammen üben.
Gemeinsam werden wir viel
Freude beim Lesen haben!

Inhaltsverzeichnis

3

1 **In jedem Witz fehlt ein Wort. Wenn du diese Wörter richtig einsetzt, verstehst du sie.**

5 €

abschreiben

Durst

Unentschieden

Bus

Peng, Peng, Peng, Peng, Peng, Peng

Normal

Gehen zwei Zahnstocher auf der Wiese spazieren. Auf einmal läuft ein Igel vorbei. Sagt der eine Zahnstocher zu dem anderen:

„Ich wusste nicht, dass hier ein _____ fährt!"

Hansi fragt Papa: „Können wir mit dem Schwimmunterricht aufhören?" Papa erstaunt: „Macht es dir keinen Spaß mehr?" Hansi antwortet:

„Doch, aber ich habe keinen _____ mehr!"

Treffen sich zwei Tankzapfsäulen. Fragt die eine: „Na, wie geht's?"

Antwortet die andere: „Super! Und dir?" „_____!"

Die Lehrerin schreibt 3:3 an die Tafel. „Was ist das?", will sie wissen.

Fritzchen ruft: „_____!"

Der Lehrer schimpft: „Das Einmaleins muss wie aus der Pistole geschossen kommen! Helga, wie viel ist 3 mal 2?"

Helga: „_____!"

Das Telefon klingelt. Steffi: „Papa, es ist Naomis Vater. Er möchte wissen, wann du mit meinen Hausaufgaben fertig bist.

Er möchte sie dann _____!"

Benno schwärmt: „Oma, das Schlagzeug war das tollste Weihnachtsgeschenk, das ich je von dir bekommen habe.

Mama gibt mir jeden Tag _____, wenn ich nicht darauf spiele!"

1 **Ordne den Fragen die passende Scherzantwort zu.**
Die Buchstaben verraten dir das Lösungswort.

1 Ein Blinder sieht einen Baum, ein Tauber hört Musik. Was ist das?

ein Buch mit einem Schreibfehler **S**

2 Welche Frage kann man nicht wahrheitsgemäß mit „ja" beantworten?

das Echo **S**

3 Was ist ein Boch?

eine Lüge **D**

4 Welcher Pass gilt überall auf der Welt?

die Tochter **T**

5 Wer spricht alle Sprachen der Erde?

ich **R**

6 Es ist das Kind von Vater und Mutter und doch kein Sohn.

„Schläfst du?" **A**

7 Es ist der Sohn meiner Eltern, aber nicht mein Bruder.

die Nadel **C**

8 Was steht zwischen Haus und Straße?

der Kompass **I**

9 Sie hat ein Loch und macht ein Loch und schlüpft auch selbst durch dieses Loch.

den Ellbogen **G**

10 Womit hört die Nacht auf und der Tag fängt damit an?

und **I**

11 Welches Tier hat einen Motor und vier Reifen?

der Schneemann **I**

12 Welcher Mann stirbt, wenn die Sonne scheint?

mit einem T/t **H**

13 Welchen Bogen tragen wir immer mit uns herum?

der Jaguar **T**

___ ___ ___   ___ ___ ___   ___ ___ ___ ___ ___ ___ ___ !
1 2 3   4 5 6   7 8 9 10 11 12 13

Auf meinem Mustang jag ich geschwind
bergauf und bergab, schnell wie der Wind!

An mir vorbei rauscht die Welt wie im Flug,
ich seh, hör, riech, spüre wirklich genug!

Seh eine Schlange aus dem Wasser dort,
glitzernd und glänzend bewegt sie sich fort!

Hör ein Konzert, das so großartig klingt,
wer dort in den Bäumen wohl so schön singt?

Riech ein süßes Parfüm in der Luft,
was ist das für ein erfrischender Duft?

Spür einen Arm mit Knospen dann,
wie der mich schrecklich kratzen kann!

Mein Drahtpferd aus Aluminium
fällt plötzlich in einer Kurve um.

Vielleicht braucht mein Stahlross jetzt eine Pause,
oder es will allmählich nach Hause.

1 **Was unternimmt der Erzähler? Kreuze an.**

☐ einen Ausritt   ☐ eine Schifffahrt

☐ einen Radausflug   ☐ eine Zugfahrt

2 **Was wird beschrieben?**

Verbinde Passendes.

Strophe 3 ⊃   ⊂ Vogelzwitschern

Strophe 4 ⊃   ⊂ Bach

          ⊂ See

Strophe 5 ⊃   ⊂ Fahrrad

          ⊂ Autolärm

Strophe 6 ⊃   ⊂ Blütenduft

          ⊂ Ast

3 **Von welcher Jahreszeit erzählt das Gedicht?** _____

4 **Wie viele Namen erhält das Fahrrad in diesem Gedicht?** _____
Schreibe die Namen auf.

_____

_____

5 **Unterstreiche alle Wörter, die im Gedicht genau so vorkommen.**

Schlange, Vogel, Pause, dann, wann, Pferd, Drahtesel, Mustang, süßlich,

glänzend, kratzen, Knospen, singen, Baum, jage, Parfüm, Duft, Luft

6 **Suche den ähnlichen Begriff im Gedicht.**

Musikdarbietung: _____   Erde: _____

Biegung: _____   furchtbar: _____

7

Was wollen diese Leute?

Bei manchen Wörtern musst du genau überlegen, welche Bedeutungen sie haben könnten.

An ihrem Schaufenster steht: NEUERÖFFNUNG. Sind Sie Herr Neuer? Wo befindet sich besagte Öffnung? Ist es eine Öffnung in einem Felsen, also eine Art Höhle? Verlangen Sie für die Höhlenbesichtigung Eintritt, Herr Neuer?

Auf dem Angebotsschild vor Ihrer Ladentüre steht: GÜNSTIGE BLUMENTOPFERDE. Wo sind denn die Pferde? Kann man sie reiten? Wie groß sind die Vierbeiner? Was kosten sie?

Sie haben einen SCHIMMEL zu verkaufen? Und dafür wollen Sie 2 500 Euro? Finden Sie das nicht ein bisschen teuer? Schimmel kann ich mir schließlich selbst auch züchten: Ich brauche nur eine Banane in eine Plastikdose legen und sie ein paar Tage stehen lassen. Dann bekomme ich richtig schönen Schimmel!

Ich möchte gerne Ihr besonderes Ei kaufen. Gibt es dieses Ei auch einzeln, oder ist das KONDITOREI so klein, dass man besser mehrere davon nehmen sollte? Verwenden Sie das KONDITOREI auch für ihre Torten hier?

1 Welche Antwort erhalten die Leute? Verbinde Antwort und Person.

Ihrer kann aber nicht galoppieren.

Auf das, was ich verkaufe, können Pferde höchstens treten.

Unseren Laden hat es vorher nicht gegeben. Deshalb steht die Aufschrift draußen.

Hier gibt es nur Waren, in denen normale Eier enthalten sind.

2 Warum kam es zu den Missverständnissen? Schreibe die missverstandenen Wörter zu den passenden Erklärungen.

Diese Wörter wurden falsch betont: _____,

_____, _____

Dieses Wort hat eine doppelte Bedeutung: _____

3 Diese Wörter haben auch eine doppelte Bedeutung. Male das Wort und die beiden Bedeutungen in der gleichen Farbe an.

| Ball | Strauß | Birne | Blatt |

zusammengebundene Blumen

Vogelart

Spielzeug

Baumbestandteil

Tanzveranstaltung

Obst

elektrisches Leuchtmittel

Schreibmaterial

Gleich den ersten Tag der Osterferien
durfte Lukas bei Oma und Opa verbringen.
Heute Nachmittag hatten sie einen Ausflug
ins Dinosauriermuseum unternommen
und anschließend waren sie noch beim Italiener
Pizza essen.
Später, als Lukas sich wohlig in sein Bett kuschelte,
las Opa ihm noch seine Lieblings-Gruselgeschichte vor.
Lukas lauschte aufmerksam, doch der Tag war lang
und die Lider wurden ihm schwer …

Plötzlich fegte ein Windstoß durch sein Zimmer.
Die Vorhänge stoben auseinander und beide Fensterflügel
wurden krachend aufgerissen. Mit großen Augen starrte Lukas
durch das offene Fenster.

Zwischen zwei dunklen Wolken stand der Vollmond hoch oben,
mitten am Himmel. Ganz links im Fenster zeichneten sich
die Umrisse einer alten Schlossruine ab. Zwei dicke Türme
ragten in den Nachthimmel. Über den unteren Fensterrand
reckte sich dichtes Gebüsch. Drei fette Raben machten sich
darauf breit und blickten böse ins Zimmer.

Ein unheimliches Dröhnen und Donnern erfüllte mit einem Mal
die Nacht. Von rechts raste ein schwarzes Pferd in gestrecktem
Galopp heran. Lukas schauderte. Im Sattel saß ein weißes Gespenst
mit einem rot glühenden Schwert in der linken Hand.
Grüne Blitze zuckten um die unheimliche Gestalt. Da hörte Lukas
aus der Luft ein schrilles Pfeifen. Vor Angst wie gelähmt sah er,
wie ein anderes Gespenst mit einer rasselnden Kette um den Hals
über dem Reiter flog. Lukas stieß einen gellenden Schrei aus
und schlug um sich. Er zitterte am ganzen Körper.

Da ging ein helles Licht an. Vorsichtig öffnete Lukas die Augen
und setzte sich im Bett auf. „Du hast nur geträumt, mein Junge",
sagte eine vertraute Stimme, „Ich schließe schnell das Fenster.
Ein Gewitter steht über dem Haus."

Was sieht Lukas in seinem Traum? Male.

E-Mail				
Datei	Bearbeiten	Ansicht	Extra	Nachricht

Senden ✉➡

An: gartenzwerglein@t-online.de

Betreff: Kündigung

Sehr geehrte Damen und Herren!

Hiermit möchte ich mein Abonnement für die Zeitschrift „Gartenzwerglein" zum 1. November kündigen. Zu meinem Bedauern wird die Zeitschrift von meiner Familie und mir nicht mehr gelesen. Ich möchte Ihnen die Gründe dafür nicht vorenthalten:

Grund 1: Unser armer Gartenzwerg „Waldi" ist stark beschädigt. Das kam so: Zunächst ließ ein unverschämter Vogel eine weiße Ladung auf ihn herab und verunreinigte sein Gesicht. Die Spuren konnte ich nie mehr vollständig beseitigen, obwohl ich das von Ihnen empfohlene Reinigungsmittel „Sauberzwerg" im Handel besorgt habe.

Grund 2: Schließlich kam der Nachbarshund, ein Boxer namens „Bruno", und warf Waldi einfach um. Dabei fiel der Zwerg auf einen Stein und brach sich den Arm ab. In Ihrem Artikel „Arm ab – Superkleber ran" hatte ich gelesen, dass man derartige Schäden beheben kann, indem man den Klebstoff „Schnell und sauber" benutzt. Doch Ihr Rat war leider wenig hilfreich: Nachdem der Arm einen halben Tag lang hielt, kam noch einmal der Boxer und warf den Zwerg ein weiteres Mal um. Der Arm löste sich dabei und zerfiel in tausend Teile. Leider kann man mit „Schnell und sauber" so viele Teile nicht mehr kleben. Ich fürchte, dass wir Abschied von Waldi nehmen müssen.

Grund 3: Ihre Zeitschrift heißt „Gartenzwerglein". Nun handelt es sich bei Waldi aber um einen Gartenzwerg von einem Meter Größe. Auch unser zweiter Zwerg „Fröhlichmann" misst eine Länge von immerhin 80 Zentimetern. Unter „Gartenzwerglein" ist aber wohl eher ein Zwerg gemeint, der unter einem halben Meter Größe hat. Vielleicht sollten Sie sich einen passenderen Namen für ihre Zeitschrift überlegen.

Mit freundlichen Grüßen
Clara Meckermund

1 Die Redaktion der Zeitschrift „Gartenzwerglein" reagiert auf die Beschwerden. Welche Antwort passt zu welchem Grund? Trage ein.

An:	clara.meckermund@web.de
Betreff:	Ihre Kündigung

zu Grund ___ :

Sie haben den Leserkreis für die Zeitschrift „Gartenzwerglein" richtig erfasst. Für Ihre Interessengruppe führen wir das Heft „Zwergriese". Durch dieses zusätzliche Angebot an Zeitschriften können wir besser auf die Bedürfnisse unserer Leser und ihrer Zwerge eingehen ...

zu Grund ___ :

Es ist mir unerklärlich, weshalb Schmutzreste auf Ihrem Zwerg haften blieben. Bisher konnte mit dem im Artikel angegebenen Mittel jede Verunreinigung spurlos entfernt werden. Vielleicht haben Sie einen Anwendungsfehler gemacht ...

zu Grund ___ :

Ich denke, dass an der Zerstörung und den Problemen bei der Reparatur des Zwerges nicht das von uns empfohlene Produkt Schuld hat. Ganz offensichtlich ist die Abfolge der Ereignisse, verursacht durch das Nachbarsungeheuer, für das Unglück verantwortlich zu machen ...

2 Wie lauten die Markennamen der Dinge, die Frau Meckermund besorgt hat? Kreuze an.

> Tempo ist ein Markenname für Papiertaschentücher.

- ☐ Superkleber
- ☐ Gartenzwerglein
- ☐ Schnell und sauber
- ☐ Sauberzwerg
- ☐ Zwergriese
- ☐ Frisch und rein

1 Es war einmal ein Mädchen, das musste der Köchin in der Küche helfen und Holz holen und Wasser schleppen.

2 Einmal ging es zum Brunnen um Wasser zu holen, und da fiel ihm der Krug in den Brunnen und zerbrach. Das Mädchen setzte sich an den Brunnenrand und weinte. Mit einemmal hörte es leise Tritte, und als es aufsah, erblickte es eine Fee am Brunnenrand.

3 „Warum weinst du?", fragte die Fee das Mädchen.
„Mir ist der Krug in den Brunnen gefallen und zerbrochen", sagte das Mädchen, „Die Köchin wird mich gewiss schlagen!"

4 „Weine nicht mehr, Mädchen", sagte die Fee am Brunnenrand. Sie bückte sich und hob den Krug aus dem Brunnen, und da war er wieder ganz. Und wie das Mädchen den Krug glücklich ansah, merkte es, dass der Krug auf einmal Arme und Beine hatte.

5 „Der Krug wird jetzt immer dein Freund sein", sagte die Fee. Dann tauchte sie wie ein lichter Nebel in den Brunnen hinunter und verschwand.

6 Das Mädchen nahm den Krug an der Hand, und so gingen sie mitsammen nach Hause. Als sie daheim angekommen waren, verschwanden die Ärmchen und Beinchen, und der Krug sah aus wie ein gewöhnlicher Krug.

7 Am nächsten Morgen ging das Mädchen in aller Frühe in die Küche. Da sah es den Krug geschäftig hin und herlaufen, die Asche aus dem Herd fegen, Holz tragen und Feuer machen und den Kessel aufsetzen.

8 Und von nun an war es immer so. Der Krug blieb dem Mädchen ein treuer Freund und half ihm und regte die Ärmchen und Beinchen. Wenn aber jemand anderer in die Küche kam, sah der Krug aus wie ein gewöhnlicher Krug.

(neu erzählt nach
Käthe Recheis und
Friedl Hofbauer)

1 **Nummeriere die Überschriften zu den einzelnen Abschnitten.**

___ Der zerbrochenen Krug   ___ Der fleißige Krug

___ Auf dem Heimweg   ___ Arbeiten für die Köchin

___ Ein treuer Freund   ___ Im Brunnen verschwunden

___ Zauberei?   ___ Angst vor der Köchin

2 **Welche Kinder haben sich mit diesem Märchen beschäftigt? Male die passenden Sprechblasen gelb an und ergänze, wenn möglich, die entsprechende Abschnittsnummer.**

Das Mädchen musste dem Koch in der Küche helfen.
___

Der Krug sah aus wie ein ganz gewöhnlicher Krug.
___ ___

Weinend saß das Mädchen am Brunnenrand.
___

Die Fee verschwand im lichten Wald.
___

Der Krug hatte auf einmal Arme und Beine.
___

Die Köchin schimpfte das Kind aus.
___

3 **Im folgenden Text wurden Wörter ausgetauscht. Unterstreiche sie. Hinweis: Lies den vorletzten Abschnitt des Märchens und vergleiche.**

Am folgenden Morgen lief das Mädchen in aller Frühe in die Küche.

Da sah es den Krug geschäftig hin und herlaufen, die Asche aus dem

Ofen kehren, Holz holen und Feuer machen und den Kessel aufstellen.

Lies das Gedicht doch mal einem Freund vor.

①
1 Manche können immer lachen,
2 manche auch mal traurig sein.
3 Manche wolln's gemeinsam machen,
4 manche gern auch mal allein.

②
5 Manche greifen nach den Sternen,
6 manche halten sich zurück.
7 Manche zieht's in weite Fernen,
8 manche suchen nahes Glück.

③
9 Manche mögen Städte-Trubel,
10 manche ruft die Ruhe mehr.
11 Manche lieben lauten Jubel,
12 manche stilles Lächeln sehr.

④
13 Manche haben Spaß an Spielen,
14 wollen nur auf Tore zielen.
15 Manche freuen sich am Lesen,
16 über fremde Welten, Wesen.

⑤
17 Aber frag mich, wem das Leben
18 nun das meiste Glück gegeben?
19 Diese Antwort geb ich blind:
20 Schön, dass wir verschieden sind!

① **Ordne den Aussagen die entsprechenden Zeilennummern zu.**

viele Menschen, Gebäude, laut, viel los – *Natur, Stille*   Zeilen: ___ , ___

etwas zusammen tun – *auch mal für sich sein*   Zeilen: ___ , ___

große Pläne – *Zurückhaltung*   Zeilen ___ , ___

fröhlich – *betrübt*   Zeilen ___ , ___

andere Länder sehen – *daheim bleiben*   Zeilen ___ , ___

Spielfreude   Zeilen ___ , ___

Bücherwürmer   Zeilen ___ , ___

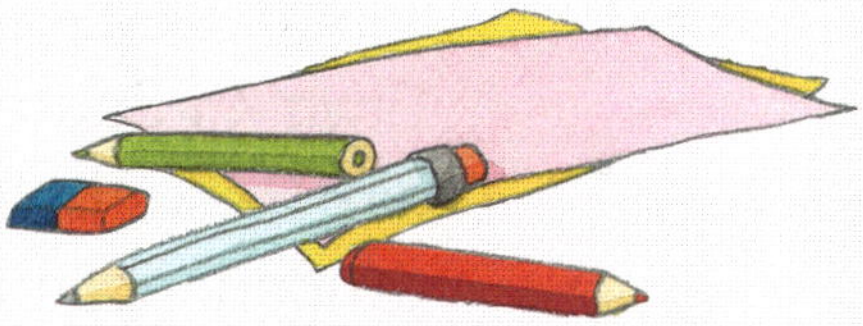

② **Welchem Reimschema folgen die ersten Strophen?**
(Zeile A reimt sich auf Zeile A, Zeile B reimt sich auf Zeile B, ...)

☐ A A B B   ☐ A B A B   ☐ A A B A   ☐ B A A B

③ **Ab welcher Strophe ändert sich das Reimschema?**

_____

④ **Was will das Gedicht sagen? Kreuze richtige Antworten an.**

☐ Keiner kann im Leben glücklich sein.

☐ Jeder muss seinen Weg finden glücklich zu sein.

☐ Es ist gut, dass Menschen unterschiedlich sind.

☐ Ruhe ist besser als lauter Trubel.

☐ Lesen ist sinnvoller als Spielen.

☐ Jeder kann auf seine Art zufrieden sein.

Merke dir die Bedeutung der fremden Ausdrücke gut.

Am 29. April 1785 wurde in der deutschen Stadt Karlsruhe Karl von Drais geboren. Er erlernte den Beruf eines Försters und musste täglich weite Strecken zu Fuß zurücklegen. Da er ein Tüftler und Erfinder war, hatte er eines Tages eine geniale Idee:

Er erfand im Jahre 1817 eine „Schnelllaufmaschine". Diese war ein Laufrad, fast ganz aus Holz, mit lenkbarem Vorderrad. Er fuhr damit, indem er sich mit den Füßen vom Boden abstieß. Bergab rollte er frei dahin. Der Geschwindigkeits-rekord lag bei ungefähr 15 km in der Stunde. Das nach seinem Erfinder benannte Fahrzeug Draisine kann man noch heute im Museum seiner Heimatstadt bewundern.

Etwa 44 Jahre später baute man in Frankreich ein Tretkurbelrad, das sogenannte Veloziped. Dieser „Knochenschüttler" war ein Fahrrad mit zwei eisenbereiften Holzrädern, das dazu beitrug, dass der Fahrer eines solchen Gefährtes ordentlich durchgeschüttelt wurde. So ein Rad war fortschrittlich mit einem Metallrahmen und Bremsen ausgestattet. Am Vorderrad befand sich ein Pedalantrieb.

In England wurde im Jahre 1870 eine ganz neuartige Fortbewegungsmaschine gebaut: das **Hochrad**. Hier war das Hinterrad winzig klein. Das Vorderrad aber, mit dem Sattel hoch oben und den Pedalen ganz unten, hatte einen Durchmesser von bis zu 150 Zentimetern! Wegen dieser wackeligen Konstruktion fielen ungeschickte Fahrer bei ihren Ausfahrten oft kopfüber auf die Nase!

Im Jahre 1887 kamen in England die ersten sogenannten **Sicherheitsfahrräder** auf den Markt. Diese hatten gleich große Reifen und einen Kettenantrieb zum Hinterrad.
Seither hat sich die Grundform kaum verändert, nur die Ausstattung wurde immer besser: z. B. luftgefüllte Gummireifen, Federung, Bremsen, Gangschaltung.

1 Wie trieb Karl von Drais sein Laufrad an?
Suche die Textstelle und unterstreiche den Satz rot.

2 Fülle die Tabelle aus.

Name			
Land			
Erfindungsjahr			

3 Erkläre die folgenden Wörter, indem du die richtigen Lösungen
ankreuzt. (Es können auch mehrere Möglichkeiten zutreffen.)

Hochrad
☐ Fahrrad mit großem Hinterrad
☐ Fahrrad mit Sattel über dem Vorderrad
☐ Fahrrad ohne Pedale

Dralsine
☐ Fahrrad fast ganz aus Eisen
☐ Fahrrad mit Tretkurbel am Hinterrad
☐ Fahrrad mit lenkbarem Vorderrad

Veloziped
☐ Fahrrad mit Bremsen
☐ Fahrrad mit luftbereiften Holzrädern
☐ Fahrrad mit Pedalantrieb am Vorderrad

4 Wie heißen die vier Verbesserungen, durch die sich das Tretkur-
belrad von der Draisine unterscheidet?

a) _____

b) _____

c) _____

d) _____

Sofort-Zeitung   *Inverness, 23. April 2009*

Schlägt Nessie wieder zu?

Nessie, das Ungeheuer von Loch Ness (einem See in Schottland), hat sich wieder gezeigt. Mit seiner Länge von beinahe 20 Metern ließ die berühmte Seeschlange dem Ehepaar Brown das Blut in den Adern gefrieren.

Das in Inverness lebende Paar machte gerade einen Spaziergang am See, als plötzlich eine gewaltige Fontäne, nur wenige Meter vom Ufer entfernt, in die Höhe spritzte. Da sahen sie sich einem Monster mit einem riesigen Kopf und einem langen Hals gegenüber. Mr. und Mrs. Brown haben sich von dem Schock noch immer nicht ganz erholt. „Gott sei Dank hat es uns nicht angegriffen, sondern ist gleich wieder abgetaucht!", berichtete die Ehefrau schaudernd unserer Zeitung.

Loch Ness ist ein sehr unheimlicher See. Er ist ungefähr 37 km lang, 1,5 km breit und ungewöhnlich tief. Das Wasser ist so trüb, dass Taucher kaum etwas sehen können. Eine dicke Schlickschicht bedeckt den Boden des Sees. Versteckt sich hier das Monster? Seltsam ist auch, dass die Wassertemperatur auch in den heißesten Monaten nie über kühle 7 Grad Celsius steigt. Dagegen friert der See im Winter niemals zu.

Laut Aufzeichnungen wurde das Seeungeheuer zum ersten Mal im Jahre 565 gesichtet, als es einige Fischer angriff. Der heilige Columbian, ein irischer Mönch, konnte damals ein größeres Unglück verhindern. Er vertrieb Nessie, indem er mit der Hand ein Kreuz in die Luft zeichnete.

Angeblich soll das Ungeheuer seither schon über 4000 Mal gesichtet worden sein. Nun ist erneut das Interesse der Öffentlichkeit geweckt worden. Wird es wieder zuschlagen? Bisher ist es Experten nicht gelungen, das Geheimnis um das Monster zufriedenstellend zu lüften.

1 **Vervollständige die Sätze mithilfe des Textes.**

- Loch Ness ist ein _____ .

- Nessies Körperlänge wird auf _____ geschätzt.

- Das in _____ lebende Ehepaar Brown machte einen

  _____ am See.

- Mr. und Mrs. Brown berichteten der _____

  von ihrem schrecklichen Erlebnis.

- Sie beschrieben das Monster mit einem _____ Kopf und

  einem langen _____ .

- Der sehr unheimliche See hat eine Länge von etwa _____ ,

  ist 1,5 km _____ und _____ .

- Das Ungeheuer könnte sich in der _____

  verstecken.

- Dass die Wassertemperatur nie über 7 Grad ansteigt ist

  _____ .

- Im Winter _____ niemals zu.

- _____ belegen, dass das Ungeheuer erstmals

  im Jahre _____ gesichtet wurde.

- Der heilige Columbian war ein _____ .

- Er zeichnete ein _____ in _____ .

- Seither soll Nessie sich _____ schon über 4000 Mal

  gezeigt haben.

- _____ gelang es bisher nicht, das _____

  um das Monster zu lüften.

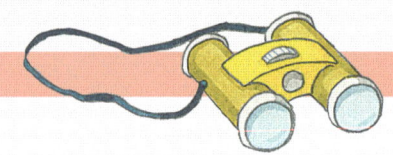

Es war ein ruhiger Sonntagmorgen. Da klingelte das Telefon. Papa ging
dran. Nach ein paar Minuten legte er auf und sagte: „Opa hätte gerne
das Fernglas zurück, das er uns vor einiger Zeit geliehen hat. Weiß jemand,
wo es abgeblieben ist?" Keiner aus der Familie konnte ihm Auskunft geben.
Und so begann Papa zu suchen. Er kramte im Keller bei den Campingsachen,
in der Werkzeugkammer und im Schrank bei den Wintersachen. Dort fand er
die rote Mütze, die Mama seit einiger Zeit vermisste. Mama war so froh
die Mütze wieder zu haben, dass sie an Papas Stelle weiter nach dem Fernglas
suchte.

Ihr Weg führte sie in die Garage. Sie wühlte sich durch die Angelausrüstung,
Strandspiele, alte Fahrradreifen und anderen Krimskrams, bis sie auf
die Street-Hockey-Schläger traf, die Luisa schon seit Tagen suchte.
Als meine Schwester den Fund mitbekam, war sie so erfreut, dass sie
statt Mama weiter nach Opas Fernglas suchte.
Sie sah im Flur nach, im Telefonschränkchen, an der Garderobe, im Schirmständer
und fand – welch Wunder – in einem zusammengeklappten Schirm
Tobis Fahrradschloss. Mein Bruder war völlig begeistert, denn das Schloss
war ihm vor einigen Wochen abhandengekommen. An Luisas Stelle suchte er
nun weiter nach dem Feldstecher.
Mein Bruder ging in den ersten Stock und stöberte im Badezimmer,
im Schmutzwäscheständer, im Wäscheschrank, im Elternschlafzimmer,
in der Putzkammer und fand dort die Fernbedienung für Leos ferngesteuertes
Geländefahrzeug. Mein kleiner Bruder war so glücklich, dass er statt Tobi
nach dem Fernglas weitersuchte.
Er sah in allen Kinderzimmern nach und stapfte schließlich auch noch
auf den Dachboden. Dort durchwühlte er alle Schränke und Truhen. Dabei stieß er
auf mein Freischwimmerabzeichen. „Laura!", schrie er, „Du glaubst nicht, was ich
gerade gefunden habe!" „Was?", rief ich genervt, denn ich war gerade
in ein spannendes Buch vertieft. „Dein Freischwimmerabzeichen, das du
seit dem Sommer vermisst!", brüllte er vom Dachboden herunter. „Dann muss ich
wohl für Opa das Fernglas weitersuchen!", ächzte ich beim Aufstehen. In diesem
Moment klingelte das Telefon. Es war Opa. Er hatte das Fernglas soeben
in seiner Nachttischschublade gefunden!

1 Wie viele Kinder hat die Familie? 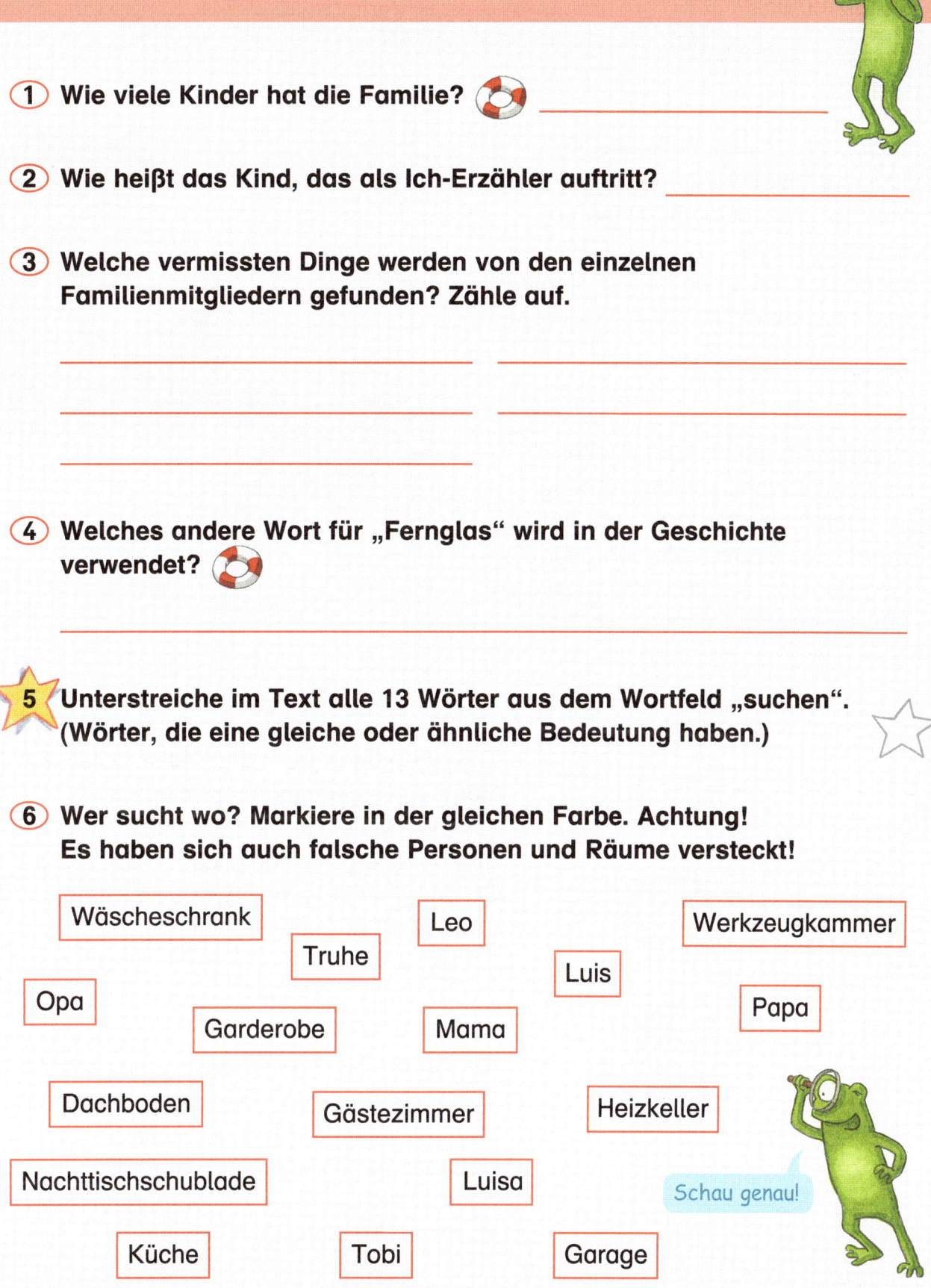 _____

2 Wie heißt das Kind, das als Ich-Erzähler auftritt? _____

3 Welche vermissten Dinge werden von den einzelnen Familienmitgliedern gefunden? Zähle auf.

_____   _____

_____   _____

_____

4 Welches andere Wort für „Fernglas" wird in der Geschichte verwendet?

_____

5 Unterstreiche im Text alle 13 Wörter aus dem Wortfeld „suchen". (Wörter, die eine gleiche oder ähnliche Bedeutung haben.)

6 Wer sucht wo? Markiere in der gleichen Farbe. Achtung! Es haben sich auch falsche Personen und Räume versteckt!

Wäscheschrank   Leo   Werkzeugkammer

Truhe   Luis

Opa   Papa

Garderobe   Mama

Dachboden   Gästezimmer   Heizkeller

Nachttischschublade   Luisa   Schau genau!

Küche   Tobi   Garage

23

❶ Kennst du das neue flinke Ding?
Es heißt Palaverringering!
Man spricht hinein und siehe da,
am andern Ende sagt wer: „Ja?"
Was? Das hat einen andern Namen?
Heißt es womöglich Quatschundamen?

❷ Und hast du auch das tolle Zeug?
Es heißt Technikverbeugverbeug!
Man tippt mal hier, man tippt mal da;
wenn alles klappt, ruft man „Hurra".
Ich nenn das Teil auch manchmal so:
MauspiepsiWebNetmachmichfroh.

❸ Trägst du denn nicht den Mann im Ohr?
Bumbumsingsang kommt öfter vor.
Er spielt Musik für dich und mich,
und amüsiert uns königlich.
So dringt stets in mein Ohr sein Klang,
drum heißt er auch Dröhninmichlang.

Weißt du wovon
die Rede ist?

❹ Kennst du den Kasten auch schon immer?
Wie heißt er gleich? Guckflimmerflimmer!
Der unterhält dich Tag und Nacht;
doch gib ein bisschen darauf Acht,
dass er nicht wird im Handumdrehn
zu einem Täglichdummsichsehn!

1 Um welches technische Gerät handelt es sich jeweils?
Schreibe die Strophe dazu.

Fernseher   Strophe ___   Handy   Strophe ___

MP3-Player Strophe ___   Computer Strophe ___

2 Welche Aussage stimmt? Kreuze an.

☐ Im Gedicht werden die technischen Geräte nur schlecht gesehen.

☐ Im Gedicht werden vor allem die Vorteile der technischen Geräte
aufgezeigt.

☐ Das Gedicht betrachtet die technischen Geräte kritisch.

☐ Das Gedicht preist den Gebrauch technischer Geräte an.

3 Jedes Gerät erhält im Gedicht einen Namen,
in dem eine Wortdoppelung vorkommt.
Unterstreiche diese Namen blau.

Das ist eine
Wortdoppelung.

Quakquak

4 Jedes Gerät erhält im Gedicht einen weiteren Namen, der aus
mehreren zusammengezogenen Wörtern besteht, aber keine
Wortdoppelung enthält. Schreibe ihn zum entsprechenden Gerät.

Fernseher: _____

Computer: _____

MP3-Player: _____

Handy: _____

5 Bei einem Paarreim reimen sich die Wörter am
Ende von zwei aufeinanderfolgenden Zeilen.
Wie viele Paarreime findest du im Gedicht? ____

...Haus
...Maus

Es war einmal ein Prinz, der wollte heiraten. Aber er wollte ganz sicher sein, dass es eine wirkliche Prinzessin ist. Darum reiste er weit herum. Jedoch wohin er auch kam, überall fehlte etwas. Nie war er sich sicher, ob es sich tatsächlich um eine Königstochter handelte. Immer stimmte etwas nicht. Irgendwann hatte er die Suche satt und brach die Reise ab. Enttäuscht kehrte er in das Schloss seiner Eltern zurück. Aber er wollte doch noch immer so gerne eine wirkliche Prinzessin zur Frau.

Eines Abends zog ein furchtbares Unwetter auf. Es blitzte und donnerte, der Regen prasselte nur so herab, es war fürchterlich! Doch plötzlich klopfte es an das Schlosstor. Der alte König stapfte verwundert zum Tor, um aufzumachen. Draußen stand eine Prinzessin. Aber wie sah sie aus! Vom Regen und dem stürmischen Wetter lief ihr das Wasser von den Haaren und auch von den Kleidern herab. Das Mädchen sagte: „Lasst mich ein, ich bin eine Prinzessin und brauche Unterschlupf!" Und so ließ sie der König ein und brachte sie zu seiner Frau.

„Ob sie wirklich eine echte Prinzessin ist? Das werden wir in Erfahrung bringen!", dachte die alte Königin. Aber sie sagte zu dem Mädchen nichts und war freundlich und hilfsbereit. Die Frau ging in die Gästeschlafkammer, nahm alles Bettzeug ab und legte eine kleine, getrocknete Erbse auf den Boden der Bettstelle. Dann nahm sie unzählige Matratzen und legte sie auf die Erbse. Schließlich gab sie noch etliche Daunendecken oben auf die Matratzen. In diesem Bett sollte nun die Prinzessin die Nacht über schlafen.

Am Morgen fragte sie der Prinz: „Wie hast du geschlafen?" „Oh, fürchterlich schlecht!", seufzte die Prinzessin. „Ich habe fast die ganze Nacht kein Auge zugetan! Ich weiß nicht, was in meinem Bett war. Ich habe auf etwas Hartem gelegen. An meinem ganzen Körper habe ich davon braune und blaue Flecken. Es ist ganz schrecklich!"

An den blauen Flecken konnte man erkennen, dass sie eine wirkliche, feinfühlige Prinzessin war. Durch die vielen Matratzen und Daunendecken hindurch hatte sie die winzige Erbse gespürt. So empfindlich konnte niemand sein außer einer echten Prinzessin.

Da nahm sie der Prinz zur Frau. Durch den Test wusste er, dass er eine wahrhaftige Prinzessin gefunden hatte. Und die Erbse kam in die Schatzkammer, wo sie noch heute zu sehen ist, wenn sie niemand gestohlen hat.

(nach den Brüdern Grimm)

Es war einmal ein Prinz, der sollte heiraten. Aber er wollte ganz sicher sein, dass es eine echte Prinzessin ist. Darum reiste er weit umher. Jedoch egal wohin er auch kam, überall fehlte etwas. Nie war er sich wirklich sicher, ob es sich tatsächlich um eine Königstochter handelte. Immer stimmte irgendetwas nicht. Irgendwann hatte er die Suche satt und brach die Reise ab. Traurig kehrte er in das Schloss seiner Eltern zurück. Aber er wollte doch noch immer so gerne eine wahrhaftige Prinzessin zur Frau.

Eines Tages zog ein furchtbares Gewitter auf. Es blitzte und donnerte, der Regen prasselte nur so herab, es war fürchterlich! Doch plötzlich pochte es an das Schlosstor. Der alte König lief verwundert zum Tor, um aufzumachen. Draußen stand eine Prinzessin. Aber wie sah sie aus! Vom Regen und dem stürmischen Wetter tropfte ihr das Wasser von den Haaren und auch von den Kleidern herab. Das Mädchen flehte: „Lasst mich hinein, ich bin eine Prinzessin und brauche Unterschlupf!" Und so ließ sie der König ein und brachte sie zu seiner Frau.

„Ob sie wirklich eine echte Prinzessin ist? Das werden wir gleich in Erfahrung bringen!", dachte die alte Königin. Aber sie sagte zu dem Mädchen nichts und war freundlich und höflich. Die Frau ging in die Schlafkammer, nahm alles Bettzeug ab und legte eine kleine, trockene Erbse auf den Boden der Bettstelle. Dann nahm sie viele Matratzen und legte sie auf die Erbse. Schließlich gab sie noch etliche Federbettdecken oben auf die Matratzen. In diesem Bett sollte nun die Prinzessin eine Nacht über schlafen.

Am Morgen fragte sie der Prinz: „Wie hast du geschlafen?" „Oh, fürchterlich schlecht!", stöhnte die Prinzessin. „Ich habe fast die ganze Nacht kein Auge zugetan! Ich weiß nicht, was in meinem Bett war. Ich habe auf etwas Hartem gelegen. An meinem ganzen Körper habe ich davon grüne und blaue Flecken. Es ist ganz schrecklich!"

An den blauen Flecken konnte man erkennen, dass sie eine wirkliche, feinfühlige Prinzessin war. Durch die vielen Matten und Daunendecken hindurch hatte sie die kleine Erbse gespürt. So empfindlich konnte niemand sein außer einer echten Prinzessin.

Deshalb nahm sie der Prinz zur Frau. Durch diesen Test wusste er, dass er eine wahrhaftige Prinzessin gefunden hatte. Und die Erbse kam in die Schatzkammer, wo sie noch heute zu bestaunen ist, wenn sie niemand gestohlen hat.

(nach den Gebrüdern Grimm)

Magst du Märchen?

In den vierten Klassen der Aubachschule wurde folgende Befragung durchgeführt: „Welche Märchen gefallen dir besonders gut?"
Zehn Jungen und zwölf Mädchen wurden befragt. Die in der Tabelle angegebenen Märchen waren bei den teilnehmenden Kindern bekannt.

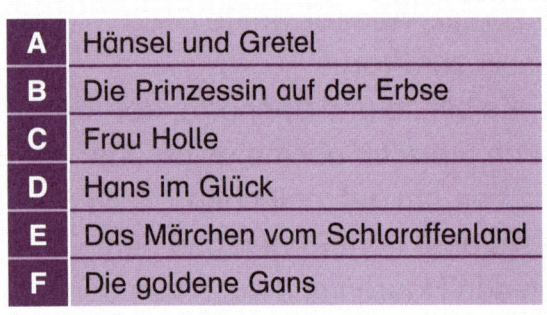

A	Hänsel und Gretel
B	Die Prinzessin auf der Erbse
C	Frau Holle
D	Hans im Glück
E	Das Märchen vom Schlaraffenland
F	Die goldene Gans

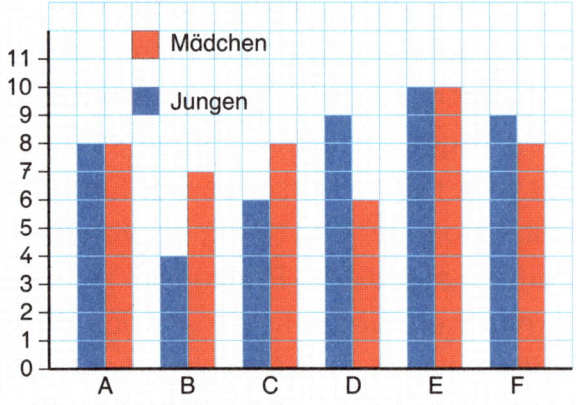

① **Welches Märchen ist bei Jungen und Mädchen am beliebtesten?**

_____

② **Welche beiden Märchen werden von Jungen und Mädchen gleich gerne gelesen?**

_____

_____

③ **Welche drei Märchen gefallen den Mädchen gleich gut?**

_____

_____

_____

④ **Welches Märchen haben nur vier Jungen als Lieblingsmärchen angegeben?**

_____

⑤ **Wie viele Kinder nahmen an der Befragung teil?** _____

Stefans liebstes Hobby ist Fußball.
Er ist ein richtiger Experte auf diesem Gebiet.
Mit seinem Team hat er schon einige Turniere gewonnen.
Sie sind allerdings nur Amateure.
Stefans größter Wunsch ist es, einmal Profi zu werden.
Sein Coach unterstützt ihn dabei.
Seine Prognose lautet: „Du wirst mit viel Fleiß vielleicht richtig prominent!"
Stefans Sympathie gilt dem TSV 1860 München.
Er ist ein echter Fan des Vereins.
Ein Job dort wäre sein größtes Glück.

① **Verbinde das jeweilige Fremdwort
mit seiner deutschen Bedeutung.**

Fußball-Profi	Mannschaft
Team	Fachmann
Fan	Berufsfußballer
Experte	Anhänger
Hobby	Betreuer/Trainer
Coach	Freizeitbeschäftigung
Fußball-Amateur	berühmt/bekannt
prominent	Zuneigung
Sympathie	Freizeitfußballer
Job	Voraussage
Prognose	Beruf/Anstellung

Die wohl teuerste E-Gitarre der Welt gehörte dem Sänger und Gitarristen Eric Clapton. Er kaufte 1970 für nur wenig Geld sechs E-Gitarren. Aus dreien von diesen bastelte er „Blackie". „Blackie" ist schwarz-weiß und wurde von Eric Clapton auf sehr vielen Konzerten benutzt.
Sie war seine wichtigste Gitarre. Genau aus diesem Grund war das Instrument dann auf einer Auktion 2004 auch so teuer! Sie wurde von Eric Clapton für 959 500 US-Dollar an das „American Guitar Center" verkauft.

Eine der ersten und berühmtesten Rockbands der Welt waren die „Beatles". John Lennon, Paul McCartney, George Harrison und Ringo Star gehörten dieser Band an.
Sie kamen aus Großbritannien. Ihr Name hat mit der Musikrichtung zu tun, die sie spielen: dem Beat. „To beat" heißt im Englischen „schlagen".
Den Namen Beat verwendet man seit etwa 1960 für Rockmusik. Im gleichen Jahr wurde die Rockband „The Beatles" auch gegründet.

Einen ungewöhnlichen Künstlernamen hat sich der Rockmusiker Jan Ulrich Max Vetter ausgesucht. Er ist Sänger und Gitarrist der deutschen Rockband „Die Ärzte". Diese Band wurde 22 Jahre nach den Beatles gegründet. Weil es sein liebstes Hobby ist, in den Urlaub zu fahren, hat Herr Vetter sich „Farin Urlaub" genannt.
„Farin" hört sich an, als wäre es ein türkischer Name. Dabei wurden nur zwei Wörter vereint.

In Anlehnung an Blues- oder Jazzbands, in deren Bandnamen die Wörter „red" (deutsch: rot), „hot" (deutsch: heiß) und „Chili" (ein scharfes Gewürz) vorkamen, nannte sich eine amerikanische Rockband „Red Hot Chili Peppers". Die Band wurde ein Jahr nach der deutschen Band „Die Ärzte" gegründet. Ihre Lieder sind bis heute äußerst beliebt. Die heutigen Bandmitglieder trinken nach eigenen Aussagen keinen Alkohol, nehmen keine Drogen und rauchen nicht. Dies war jedoch nicht immer so. Nachdem einige ursprüngliche Mitglieder der Band sehr schlimme Erfahrungen damit gemacht hatten, änderten die späteren Mitglieder ihr Leben und erteilten Alkohol, Drogen und Zigaretten eine Absage.

1 **Welche Gitarre sieht aus wie Eric Claptons „Blackie"?**
   Kreise ein.

2 **Kreuze richtige Aussagen an.**

☐ Die Bandmitglieder der „Red Hot Chili Peppers" haben aus ihren früheren Fehlern gelernt und halten sich von Drogen, Alkohol und Zigaretten fern.

☐ Farin ist ein türkischer Name, den sich der Sänger und Gitarrist der Band „Die Ärzte" gegeben hat.

☐ Der Band „The Beatles" gehörten insgesamt vier Mitglieder an.

☐ Eric Clapton kaufte 1970 seine Gitarre „Blackie".

☐ Jan Vetter fährt sehr gerne in den Urlaub.

☐ 959 500 Euro kostete die teuerste Gitarre der Welt.

☐ Die Bandmitglieder der Beatles stammten aus Großbritannien.

☐ Aus drei Gitarren baute Clapton seine wichtigste Gitarre zusammen.

☐ Der Name „Red Hot Chili Peppers" setzt sich aus den Namen berühmter Pop- und Rockbands zusammen.

☐ Paul Lennon gehörte den Beatles als Mitglied an.

3 **Wann wurde welche Band gegründet?**

Red Hot Chili Peppers: _____

Die Ärzte: _____

The Beatles: _____

Die Bergheimschule ist eine große Gemeinschaft von Schülern und Lehrern. Es kam immer häufiger vor, dass sich einige Kinder nicht an die Regeln hielten. Deshalb haben es sich die vierten Klassen zur Aufgabe gemacht, eine neue, verständliche Schulordnung zu erstellen. Hier kannst du die wichtigsten Regeln nachlesen:

1. Gut miteinander auskommen
1a) Ich gehe fair und rücksichtsvoll mit meinen Mitschülern
und Lehrern um.
1b) Ich bin als „Große(r)" ein gutes Vorbild für jüngere Schüler.
1c) Ich achte bei Auseinandersetzungen besonders auf meine Worte.
1d) Ich nehme niemandem etwas weg.
1e) Ich befolge die Anweisungen der Lehrer.

2. Unfälle vermeiden
2a) Ich renne und schreie im Schulhaus nicht herum.
2b) Ich drängle und schubse nicht.
2c) Ich raufe, trete und schlage nicht.
2d) Ich stelle meine Schultasche immer an der Wandseite ab.
2e) Ich darf Rollerskates, Knallkörper und Messer nicht mit
in die Schule bringen.
2f) Ich werfe im Winter nicht mit Schneebällen.

3. Saubere Schule
3a) Ich bin mitverantwortlich für Ordnung und Sauberkeit im
Klassenzimmer, auf den Gängen, den Toiletten und dem Schulhof.
3b) Ich werfe Abfälle in die Abfallkörbe.
3c) Ich achte auf das Sortieren meiner Abfälle.
3d) Ich betrete das Klassenzimmer nur mit sauberen Schuhen.

Lösungen Deutsch-Stars Lesetraining 4

(zum Heraustrennen die mittlere Klammer lösen)

Witze mit Loch

① **In jedem Witz fehlt ein Wort. Wenn du diese Wörter richtig einsetzt, verstehst du sie.**

5 € abschreiben Unentschieden Durst Bus Normal Peng, Peng, Peng, Peng, Peng, Peng

Gehen zwei Zahnstocher auf der Wiese spazieren. Auf einmal läuft ein Igel vorbei. Sagt der eine Zahnstocher zu dem anderen:

„Ich wusste nicht, dass hier ein Bus fährt!"

Hansi fragt Papa: „Können wir mit dem Schwimmunterricht aufhören?" Papa erstaunt: „Macht es dir keinen Spaß mehr?" Hansi antwortet:

„Doch, aber ich habe keinen Durst mehr!"

Treffen sich zwei Tankzapfsäulen. Fragt die eine: „Na, wie geht's?"

Antwortet die andere: „Super! Und dir?" „ Normal !"

Die Lehrerin schreibt 3:3 an die Tafel. „Was ist das?", will sie wissen.

Fritzchen ruft: „ Unentschieden !"

Der Lehrer schimpft: „Das Einmaleins muss wie aus der Pistole geschossen kommen! Helga, wie viel ist 3 mal 2?"

Helga: „ Peng, Peng, Peng, Peng, Peng, Peng !"

Das Telefon klingelt. Steffi: „Papa, es ist Naomis Vater. Er möchte wissen, wann du mit meinen Hausaufgaben fertig bist. Er möchte sie dann abschreiben !"

Benno schwärmt: „Oma, das Schlagzeug war das tollste Weihnachtsgeschenk, das ich je von dir bekommen habe.

Mama gibt mir jeden Tag 5 € , wenn ich nicht darauf spiele!"

4

Lustige Fragen

① **Ordne den Fragen die passende Scherzantwort zu. Die Buchstaben verraten dir das Lösungswort.**

❶	Ein Blinder sieht einen Baum, ein Tauber hört Musik. Was ist das?	ein Buch mit einem Schreibfehler	S
❷	Welche Frage kann man nicht wahrheitsgemäß mit „ja" beantworten?	das Echo	S
❸	Was ist ein Boch?	eine Lüge	D
❹	Welcher Pass gilt überall auf der Welt?	die Tochter	T
❺	Wer spricht alle Sprachen der Erde?	ich	R
❻	Es ist das Kind von Vater und Mutter und doch kein Sohn.	„Schläfst du?"	A
❼	Es ist der Sohn meiner Eltern, aber nicht mein Bruder.	die Nadel	C
❽	Was steht zwischen Haus und Straße?	der Kompass	I
❾	Sie hat ein Loch und macht ein Loch und schlüpft auch selbst durch dieses Loch.	den Ellbogen	G
❿	Womit hört die Nacht auf und der Tag fängt damit an?	und	I
⓫	Welches Tier hat einen Motor und vier Reifen?	der Schneemann	I
⓬	Welcher Mann stirbt, wenn die Sonne scheint?	mit einem T/t	H
⓭	Welchen Bogen tragen wir immer mit uns herum?	der Jaguar	T

D A S   I S T   R I C H T I G !
1 2 3   4 5 6   7 8 9 10 11 12 13

5

Unterwegs

Auf meinem Mustang jag ich geschwind
bergauf und bergab, schnell wie der Wind!

An mir vorbei rauscht die Welt wie im Flug,
ich seh, hör, riech, spüre wirklich genug!

Seh eine Schlange aus dem Wasser dort,
glitzernd und glänzend bewegt sie sich fort!

Hör ein Konzert, das so großartig klingt,
wer dort in den Bäumen wohl so schön singt?

Riech ein süßes Parfüm in der Luft,
was ist das für ein erfrischender Duft?

Spür einen Arm mit Knospen dann,
wie der mich schrecklich kratzen kann!

Mein Drahtpferd aus Aluminium
fällt plötzlich in einer Kurve um.

Vielleicht braucht mein Stahlross jetzt eine Pause,
oder es will allmählich nach Hause.

6

---

① **Was unternimmt der Erzähler? Kreuze an.**

☐ einen Ausritt ☐ eine Schifffahrt
☒ einen Radausflug ☐ eine Zugfahrt

② **Was wird beschrieben?**

Verbinde Passendes.

Strophe 3 — Vogelzwitschern, Bach, See
Strophe 4 — Fahrrad
Strophe 5 — Autolärm
Strophe 6 — Blütenduft, Ast

③ **Von welcher Jahreszeit erzählt das Gedicht?** Frühling

④ **Wie viele Namen erhält das Fahrrad in diesem Gedicht?** 3
Schreibe die Namen auf.

Mustang, Drahtpferd, Stahlross

⑤ **Unterstreiche alle Wörter, die im Gedicht genau so vorkommen.**

Schlange, Vogel, Pause, dann, wann, Pferd, Drahtesel, Mustang, süßlich, glänzend, kratzen, Knospen, singen, Baum, jage, Parfüm, Duft, Luft

⑥ **Suche den ähnlichen Begriff im Gedicht.**

Musikdarbietung: Konzert   Erde: Welt

Biegung: Kurve   furchtbar: schrecklich

7

Was wollen diese Leute?

An ihrem Schaufenster steht: NEUERÖFFNUNG. Sind Sie Herr Neuer? Wo befindet sich besagte Öffnung? Ist es eine Öffnung in einem Felsen, also eine Art Höhle? Verlangen Sie für die Höhlenbesichtigung Eintritt, Herr Neuer?

Auf dem Angebotsschild vor Ihrer Ladentüre steht: GÜNSTIGE BLUMENTOPFERDE. Wo sind denn die Pferde? Kann man sie reiten? Wie groß sind die Vierbeiner? Was kosten sie?

Sie haben einen SCHIMMEL zu verkaufen? Und dafür wollen Sie 2 500 Euro? Finden Sie das nicht ein bisschen teuer? Schimmel kann ich mir schließlich selbst auch züchten: Ich brauche nur eine Banane in eine Plastikdose legen und sie ein paar Tage stehen lassen. Dann bekomme ich richtig schönen Schimmel!

Ich möchte gerne Ihr besonderes Ei kaufen. Gibt es dieses Ei auch einzeln, oder ist das KONDITOREI so klein, dass man besser mehrere davon nehmen sollte? Verwenden Sie das KONDITOREI auch für ihre Torten hier?

8

---

① **Welche Antwort erhalten die Leute? Verbinde Antwort und Person.**

Ihrer kann aber nicht galoppieren.

Auf das, was ich verkaufe, können Pferde höchstens treten.

Unseren Laden hat es vorher nicht gegeben. Deshalb steht die Aufschrift draußen.

Hier gibt es nur Waren, in denen normale Eier enthalten sind.

② **Warum kam es zu den Missverständnissen? Schreibe die missverstandenen Wörter zu den passenden Erklärungen.**

Diese Wörter wurden falsch betont: *Neueröffnung* ,

Blumentopferde , *Konditorei*

Dieses Wort hat eine doppelte Bedeutung: ⚽ *Schimmel*

③ **Diese Wörter haben auch eine doppelte Bedeutung. Male das Wort und die beiden Bedeutungen in der gleichen Farbe an.**

Ball	Strauß	Birne	Blatt

zusammengebundene Blumen

Vogelart

Spielzeug

Baumbestandteil

Tanzveranstaltung

Obst

elektrisches Leuchtmittel

Schreibmaterial

9

Gespenster-Fenster

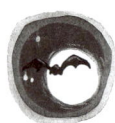

Gleich den ersten Tag der Osterferien durfte Lukas bei Oma und Opa verbringen. Heute Nachmittag hatten sie einen Ausflug ins Dinosauriermuseum unternommen und anschließend waren sie noch beim Italiener Pizza essen.
Später, als Lukas sich wohlig in sein Bett kuschelte, las Opa ihm noch seine Lieblings-Gruselgeschichte vor. Lukas lauschte aufmerksam, doch der Tag war lang und die Lider wurden ihm schwer …

Plötzlich fegte ein Windstoß durch sein Zimmer. Die Vorhänge stoben auseinander und beide Fensterflügel wurden krachend aufgerissen. Mit großen Augen starrte Lukas durch das offene Fenster.

Zwischen zwei dunklen Wolken stand der Vollmond hoch oben, mitten am Himmel. Ganz links im Fenster zeichneten sich die Umrisse einer alten Schlossruine ab. Zwei dicke Türme ragten in den Nachthimmel. Über den unteren Fensterrand reckte sich dichtes Gebüsch. Drei fette Raben machten sich darauf breit und blickten böse ins Zimmer.

Ein unheimliches Dröhnen und Donnern erfüllte mit einem Mal die Nacht. Von rechts raste ein schwarzes Pferd in gestrecktem Galopp heran. Lukas schauderte. Im Sattel saß ein weißes Gespenst mit einem rot glühenden Schwert in der linken Hand. Grüne Blitze zuckten um die unheimliche Gestalt. Da hörte Lukas aus der Luft ein schrilles Pfeifen. Vor Angst wie gelähmt sah er, wie ein anderes Gespenst mit einer rasselnden Kette um den Hals über dem Reiter flog. Lukas stieß einen gellenden Schrei aus und schlug um sich. Er zitterte am ganzen Körper.

Da ging ein helles Licht an. Vorsichtig öffnete Lukas die Augen und setzte sich im Bett auf. „Du hast nur geträumt, mein Junge", sagte eine vertraute Stimme, „Ich schließe schnell das Fenster. Ein Gewitter steht über dem Haus."

10

---

① **Was sieht Lukas in seinem Traum? Male.**

11

Gartenzwergfrust

Sehr geehrte Damen und Herren!

Hiermit möchte ich mein Abonnement für die Zeitschrift „Gartenzwerglein"
zum 1. November kündigen. Zu meinem Bedauern wird die Zeitschrift von
meiner Familie und mir nicht mehr gelesen. Ich möchte Ihnen die Gründe
dafür nicht vorenthalten:

Grund 1: Unser armer Gartenzwerg „Waldi" ist stark beschädigt. Das kam so:
Zunächst ließ ein unverschämter Vogel eine weiße Ladung auf ihn herab
und verunreinigte sein Gesicht. Die Spuren konnte ich nie mehr vollständig
beseitigen, obwohl ich das von Ihnen empfohlene Reinigungsmittel
„Sauberzwerg" im Handel besorgt habe.

Grund 2: Schließlich kam der Nachbarshund, ein Boxer namens
„Bruno", und warf Waldi einfach um. Dabei fiel der Zwerg
auf einen Stein und brach sich den Arm ab. In Ihrem Artikel
„Arm ab – Superkleber ran" hatte ich gelesen, dass man derartige Schäden
beheben kann, indem man den Klebstoff „Schnell und sauber" benutzt.
Doch Ihr Rat war leider wenig hilfreich: Nachdem der Arm einen halben
Tag lang hielt, kam noch einmal der Boxer und warf den Zwerg ein
weiteres Mal um. Der Arm löste sich dabei und zerfiel in tausend Teile.
Leider kann man mit „Schnell und sauber" so viele Teile nicht mehr kleben.
Ich fürchte, dass wir Abschied von Waldi nehmen müssen.

Grund 3: Ihre Zeitschrift heißt „Gartenzwerglein". Nun handelt es sich
bei Waldi aber um einen Gartenzwerg von einem Meter Größe. Auch
unser zweiter Zwerg „Fröhlichmann" misst eine Länge von immerhin
80 Zentimetern. Unter „Gartenzwerglein" ist aber wohl eher ein Zwerg
gemeint, der unter einem halben Meter Größe hat. Vielleicht sollten
Sie sich einen passenden Namen für ihre Zeitschrift überlegen.

Mit freundlichen Grüßen
Clara Meckermund

12

---

1 ⭐ **Die Redaktion der Zeitschrift „Gartenzwerglein" reagiert auf die
Beschwerden. Welche Antwort passt zu welchem Grund? Trage ein.**

An: clara.meckermund@web.de

Betreff: Ihre Kündigung

zu Grund 3 **:**

Sie haben den Leserkreis für die Zeitschrift „Gartenzwerglein" richtig erfasst.
Für Ihre Interessengruppe führen wir das Heft „Zwergriese". Durch dieses
zusätzliche Angebot an Zeitschriften können wir besser auf die Bedürfnisse
unserer Leser und ihrer Zwerge eingehen ...

zu Grund 1 **:**

Es ist mir unerklärlich, weshalb Schmutzreste auf Ihrem Zwerg haften blieben.
Bisher konnte mit dem im Artikel angegebenen Mittel jede Verunreinigung
spurlos entfernt werden. Vielleicht haben Sie einen Anwendungsfehler
gemacht ...

zu Grund 2 **:**

Ich denke, dass an der Zerstörung und den Problemen bei der Reparatur des
Zwerges nicht das von uns empfohlene Produkt Schuld hat. Ganz offensichtlich ist die Abfolge der Ereignisse, verursacht durch das Nachbarsungeheuer,
für das Unglück verantwortlich zu machen ...

> Tempo ist ein Markenname
> für Papiertaschentücher.

2 **Wie lauten die Markennamen der Dinge,
die Frau Meckermund besorgt hat?
Kreuze an.**

☐ Superkleber   ☒ Sauberzwerg
☐ Gartenzwerglein   ☐ Zwergriese
☒ Schnell und sauber   ☐ Frisch und rein

13

Der Zauberkrug

① Es war einmal ein Mädchen, das musste der Köchin in der Küche
helfen und Holz holen und Wasser schleppen.

② Einmal ging es zum Brunnen um Wasser zu holen, und da fiel
ihm der Krug in den Brunnen und zerbrach. Das Mädchen setzte
sich an den Brunnenrand und weinte. Mit einemmal hörte es leise
Tritte, und als es aufsah, erblickte es eine Fee am Brunnenrand.

③ „Warum weinst du?", fragte die Fee das Mädchen.
„Mir ist der Krug in den Brunnen gefallen und zerbrochen",
sagte das Mädchen, „Die Köchin wird mich gewiss schlagen!"

④ „Weine nicht mehr, Mädchen", sagte die Fee am Brunnenrand.
Sie bückte sich und hob den Krug aus dem Brunnen, und da war er
wieder ganz. Und wie das Mädchen den Krug glücklich ansah,
merkte es, dass der Krug auf einmal Arme und Beine hatte.

⑤ „Der Krug wird jetzt immer dein Freund sein", sagte die Fee.
Dann tauchte sie wie ein lichter Nebel in den Brunnen hinunter
und verschwand.

⑥ Das Mädchen nahm den Krug an der Hand, und so gingen sie
mitsammen nach Hause. Als sie daheim angekommen waren,
verschwanden die Ärmchen und Beinchen, und der Krug sah aus
wie ein gewöhnlicher Krug.

⑦ Am nächsten Morgen ging das Mädchen in aller Frühe in die Küche.
Da sah es den Krug geschäftig hin und herlaufen, die Asche
aus dem Herd fegen, Holz tragen und Feuer machen und
den Kessel aufsetzen.

⑧ Und von nun an war es immer so. Der Krug blieb dem Mädchen
ein treuer Freund und half ihm und regte die Ärmchen und Beinchen.
Wenn aber jemand anderer in die Küche kam, sah der Krug aus
wie ein gewöhnlicher Krug.

(neu erzählt nach
Käthe Recheis und
Friedl Hofbauer)

14

> Lies dir den Text
> abschnittsweise durch
> und vergleiche.

1 **Nummeriere die Überschriften zu den einzelnen Abschnitten.**

2 Der zerbrochene Krug   7 Der fleißige Krug

6 Auf dem Heimweg   1 Arbeiten für die Köchin

8 Ein treuer Freund   5 Im Brunnen verschwunden

4 Zauberei?   3 Angst vor der Köchin

2 **Welche Kinder haben sich mit diesem Märchen beschäftigt?
Male die passenden Sprechblasen gelb an und ergänze, wenn
möglich, die entsprechende Abschnittsnummer.**

Das Mädchen musste dem Koch in der Küche helfen. ___

Der Krug sah aus wie ein ganz gewöhnlicher Krug. 6 8

Weinend saß das Mädchen am Brunnenrand. 2

Die Fee verschwand im lichten Wald. ___

Der Krug hatte auf einmal Arme und Beine. 4

Die Köchin schimpfte das Kind aus.

3 **Im folgenden Text wurden Wörter ausgetauscht. Unterstreiche sie.
Hinweis: Lies den vorletzten Abschnitt des Märchens und vergleiche.**

Am <u>folgenden</u> Morgen <u>lief</u> das Mädchen in aller Frühe in die Küche.
Da sah es den Krug geschäftig hin und herlaufen, die Asche aus dem
<u>Ofen</u> <u>kehren</u>, Holz <u>holen</u> und Feuer machen und den Kessel <u>aufstellen</u>.

15

Lies das Gedicht doch mal einem Freund vor.

①
1 Manche können immer lachen,
2 manche auch mal traurig sein.
3 Manche wolln's gemeinsam machen,
4 manche gern auch mal allein.

②
5 Manche greifen nach den Sternen,
6 manche halten sich zurück.
7 Manche zieht's in weite Fernen,
8 manche suchen nahes Glück.

③
9 Manche mögen Städte-Trubel,
10 manche ruft die Ruhe mehr.
11 Manche lieben lauten Jubel,
12 manche stilles Lächeln sehr.

④
13 Manche haben Spaß an Spielen,
14 wollen nur auf Tore zielen.
15 Manche freuen sich am Lesen,
16 über fremde Welten, Wesen.

⑤
17 Aber frag mich, wem das Leben
18 nun das meiste Glück gegeben?
19 Diese Antwort geb ich blind:
20 Schön, dass wir verschieden sind!

16

① **Ordne den Aussagen die entsprechenden Zeilennummern zu.**

viele Menschen, Gebäude, laut, viel los – *Natur, Stille* **Zeilen:** __9__ , __10__

etwas zusammen tun – *auch mal für sich sein* **Zeilen:** __3__ , __4__

große Pläne – *Zurückhaltung* **Zeilen** __5__ , __6__

fröhlich – *betrübt* **Zeilen** __1__ , __2__

andere Länder sehen – *daheim bleiben* **Zeilen** __7__ , __8__

Spielfreude **Zeilen** __13__ , __14__

Bücherwürmer **Zeilen** __15__ , __16__

② **Welchem Reimschema folgen die ersten Strophen?**
(Zeile A reimt sich auf Zeile A, Zeile B reimt sich auf Zeile B, …)

☐ A A B B   ☒ A B A B   ☐ A A B A   ☐ B A A B

③ **Ab welcher Strophe ändert sich das Reimschema?**

ab Strophe 4

④ **Was will das Gedicht sagen? Kreuze richtige Antworten an.**

☐ Keiner kann im Leben glücklich sein.
☒ Jeder muss seinen Weg finden glücklich zu sein.
☒ Es ist gut, dass Menschen unterschiedlich sind.
☐ Ruhe ist besser als lauter Trubel.
☐ Lesen ist sinnvoller als Spielen.
☒ Jeder kann auf seine Art zufrieden sein.

17

Die Geschichte des Fahrrads

Merke dir die Bedeutung der fremden Ausdrücke gut.

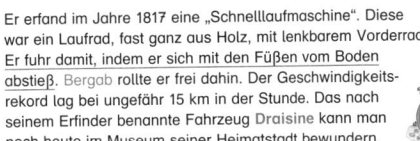 

Am 29. April 1785 wurde in der deutschen Stadt Karlsruhe Karl von Drais geboren. Er erlernte den Beruf eines Försters und musste täglich weite Strecken zu Fuß zurücklegen. Da er ein Tüftler und Erfinder war, hatte er eines Tages eine geniale Idee:

Er erfand im Jahre 1817 eine „Schnelllaufmaschine". Diese war ein Laufrad, fast ganz aus Holz, mit lenkbarem Vorderrad. Er fuhr damit, indem er sich mit den Füßen vom Boden abstieß. Bergab rollte er frei dahin. Der Geschwindigkeits-rekord lag bei ungefähr 15 km in der Stunde. Das nach seinem Erfinder benannte Fahrzeug Draisine kann man noch heute im Museum seiner Heimatstadt bewundern.

Etwa 44 Jahre später baute man in Frankreich ein Tretkurbelrad, das sogenannte Veloziped. Dieser „Knochenschüttler" war ein Fahrrad mit zwei eisenbereiften Holzrädern, das dazu beitrug, dass der Fahrer eines solchen Gefährtes ordentlich durchgeschüttelt wurde. So ein Rad war fortschrittlich mit einem Metallrahmen und Bremsen ausgestattet. Am Vorderrad befand sich ein Pedalantrieb.

In England wurde im Jahre 1870 eine ganz neuartige Fortbewegungsmaschine gebaut: das **Hochrad**. Hier war das Hinterrad winzig klein. Das Vorderrad aber, mit dem Sattel hoch oben und den Pedalen ganz unten, hatte einen Durchmesser von bis zu 150 Zentimetern! Wegen dieser wackeligen Konstruktion fielen ungeschickte Fahrer bei ihren Ausfahrten oft kopfüber auf die Nase!

Im Jahre 1887 kamen in England die ersten sogenannten **Sicherheitsfahrräder** auf den Markt. Diese hatten gleich große Reifen und einen Kettenantrieb zum Hinterrad. Seither hat sich die Grundform kaum verändert, nur die Ausstattung wurde immer besser: z. B. luftgefüllte Gummireifen, Federung, Bremsen, Gangschaltung.

18

---

① **Wie trieb Karl von Drais sein Laufrad an?**
Suche die Textstelle und unterstreiche den Satz rot.

② **Fülle die Tabelle aus.**

Name	Veloziped	Draisine	Hochrad
Land	Frankreich	Deutschland	England
Erfindungsjahr	1861	1817	1870

③ **Erkläre die folgenden Wörter, indem du die richtigen Lösungen ankreuzt. (Es können auch mehrere Möglichkeiten zutreffen.)**

Hochrad
☐ Fahrrad mit großem Hinterrad
☒ Fahrrad mit Sattel über dem Vorderrad
☐ Fahrrad ohne Pedale

Draisine
☐ Fahrrad fast ganz aus Eisen
☐ Fahrrad mit Tretkurbel am Hinterrad
☒ Fahrrad mit lenkbarem Vorderrad

Veloziped
☒ Fahrrad mit Bremsen
☐ Fahrrad mit luftbereiften Holzrädern
☒ Fahrrad mit Pedalantrieb am Vorderrad

④ **Wie heißen die vier Verbesserungen, durch die sich das Tretkur-belrad von der Draisine unterscheidet?**

a) eisenbereifte Holzräder

b) Metallrahmen

c) Bremsen

d) Pedalantrieb

19

Sofort-Zeitung   *Inverness, 23. April 2009*

Schlägt Nessie wieder zu?

Nessie, das Ungeheuer von Loch Ness (einem See in Schottland), hat sich wieder gezeigt. Mit seiner Länge von beinahe 20 Metern ließ die berühmte Seeschlange dem Ehepaar Brown das Blut in den Adern gefrieren.

Das in Inverness lebende Paar machte gerade einen Spaziergang am See, als plötzlich eine gewaltige Fontäne, nur wenige Meter vom Ufer entfernt, in die Höhe spritzte. Da sahen sie sich einem Monster mit einem riesigen Kopf und einem langen Hals gegenüber. Mr. und Mrs. Brown haben sich von dem Schock noch immer nicht ganz erholt. „Gott sei Dank hat es uns nicht angegriffen, sondern ist gleich wieder abgetaucht!", berichtete die Ehefrau schaudernd unserer Zeitung.

Loch Ness ist ein sehr unheimlicher See. Er ist ungefähr 37 km lang, 1,5 km breit und ungewöhnlich tief. Das Wasser ist so trüb, dass Taucher kaum etwas sehen können. Eine dicke Schlickschicht bedeckt den Boden des Sees. Versteckt sich hier das Monster? Seltsam ist auch, dass die Wassertemperatur auch in den heißesten Monaten nie über kühle 7 Grad Celsius steigt. Dagegen friert der See im Winter niemals zu.

Laut Aufzeichnungen wurde das Seeungeheuer zum ersten Mal im Jahre 565 gesichtet, als es einige Fischer angriff. Der heilige Columbian, ein irischer Mönch, konnte damals ein größeres Unglück verhindern. Er vertrieb Nessie, indem er mit der Hand ein Kreuz in die Luft zeichnete.

Angeblich soll das Ungeheuer seither schon über 4000 Mal gesichtet worden sein. Nun ist erneut das Interesse der Öffentlichkeit geweckt worden. Wird es wieder zuschlagen? Bisher ist es Experten nicht gelungen, das Geheimnis um das Monster zufriedenstellend zu lüften.

20

(1) **Vervollständige die Sätze mithilfe des Textes.**

- Loch Ness ist ein _See in Schottland_ .
- Nessies Körperlänge wird auf _20 Meter_ geschätzt.
- Das in _Inverness_ lebende Ehepaar Brown machte einen _Spaziergang_ am See.
- Mr. und Mrs. Brown berichteten der _Sofort-Zeitung_ von ihrem schrecklichen Erlebnis.
- Sie beschrieben das Monster mit einem _riesigen_ Kopf und einem langen _Hals_ .
- Der sehr unheimliche See hat eine Länge von etwa _37 km_ , ist 1,5 km _breit_ und _ungewöhnlich tief_ .
- Das Ungeheuer könnte sich in der _dicken Schlickschicht_ verstecken.
- Dass die Wassertemperatur nie über 7 Grad ansteigt ist _seltsam_ .
- Im Winter _friert der See_ niemals zu.
- _Aufzeichnungen_ belegen, dass das Ungeheuer erstmals im Jahre _565_ gesichtet wurde.
- Der heilige Columbian war ein _irischer Mönch_ .
- Er zeichnete ein _Kreuz_ in _die Luft_ .
- Seither soll Nessie sich _angeblich_ schon über 4000 Mal gezeigt haben.
- _Experten_ gelang es bisher nicht, das _Geheimnis_ um das Monster zu lüften.

21

Es war ein ruhiger Sonntagmorgen. Da klingelte das Telefon. Papa ging dran. Nach ein paar Minuten legte er auf und sagte: „Opa hätte gerne das Fernglas zurück, das er uns vor einiger Zeit geliehen hat. Weiß jemand, wo es abgeblieben ist?" Keiner aus der Familie konnte ihm Auskunft geben. Und so begann Papa zu suchen. Er kramte im Keller bei den Campingsachen, in der Werkzeugkammer und im Schrank bei den Wintersachen. Dort fand er die rote Mütze, die Mama seit einiger Zeit vermisste. Mama war so froh die Mütze wieder zu haben, dass sie an Papas Stelle weiter nach dem Fernglas suchte.

Ihr Weg führte sie in die Garage. Sie wühlte sich durch die Angelausrüstung, Strandspiele, alte Fahrradreifen und anderen Krimskrams, bis sie auf die Street-Hockey-Schläger traf, die Luisa schon seit Tagen suchte. Als meine Schwester den Fund mitbekam, war sie so erfreut, dass sie statt Mama weiter nach Opas Fernglas suchte. Sie sah im Flur nach, im Telefonschränkchen, an der Garderobe, im Schirmständer und fand – welch Wunder – in einem zusammengeklappten Schirm Tobis Fahrradschloss. Mein Bruder war völlig begeistert, denn das Schloss war ihm vor einigen Wochen abhandengekommen. An Luisas Stelle suchte er nun weiter nach dem Feldstecher. Mein Bruder ging in den ersten Stock und stöberte im Badezimmer, im Schmutzwäscheständer, im Wäscheschrank, im Elternschlafzimmer, in der Putzkammer und fand dort die Fernbedienung für Leos ferngesteuertes Geländefahrzeug. Mein kleiner Bruder war so glücklich, dass er statt Tobi nach dem Fernglas weitersuchte. Er sah in allen Kinderzimmern nach und stapfte schließlich auch noch auf den Dachboden. Dort durchwühlte er alle Schränke und Truhen. Dabei stieß er auf mein Freischwimmerabzeichen. „Laura!", schrie er, „Du glaubst nicht, was ich gerade gefunden habe!" „Was?", rief ich genervt, denn ich war gerade in ein spannendes Buch vertieft. „Dein Freischwimmerabzeichen, das du seit dem Sommer vermisst!", brüllte er vom Dachboden herunter. „Dann muss ich wohl für Opa das Fernglas weitersuchen!", ächzte ich beim Aufstehen. In diesem Moment klingelte das Telefon. Es war Opa. Er hatte das Fernglas soeben in seiner Nachttischschublade gefunden!

(1) **Wie viele Kinder hat die Familie?** _4 Kinder_

(2) **Wie heißt das Kind, das als Ich-Erzähler auftritt?** _Laura_

(3) **Welche vermissten Dinge werden von den einzelnen Familienmitgliedern gefunden? Zähle auf.**

Mütze	_Street-Hockey-Schläger_
Fahrradschloss	_Fernbedienung_
Freischwimmerabzeichen	

(4) **Welches andere Wort für „Fernglas" wird in der Geschichte verwendet?**

Feldstecher

(5) **Unterstreiche im Text alle 13 Wörter aus dem Wortfeld „suchen".** (Wörter, die eine gleiche oder ähnliche Bedeutung haben.)

(6) **Wer sucht wo? Markiere in der gleichen Farbe. Achtung! Es haben sich auch falsche Personen und Räume versteckt!**

Wäscheschrank   Leo   Werkzeugkammer

Truhe   Luis

Opa   Garderobe   Mama   Papa

Dachboden   Gästezimmer   Heizkeller

Nachttischschublade   Luisa   Schau genau!

Küche   Tobi   Garage

23

① Kennst du das neue flinke Ding?
Es heißt <u>Palaverringering</u>!
Man spricht hinein und siehe da,
am andern Ende sagt wer: „Ja"?
Was? Das hat einen andern Namen?
Heißt es womöglich Quatschundamen?

② Und hast du auch das tolle Zeug?
Es heißt <u>Technikverbeugverbeug</u>!
Man tippt mal hier, man tippt mal da;
wenn alles klappt, ruft man „Hurra".
Ich nenn das Teil auch manchmal so:
MauspiepsiWebNetmachmichfroh.

③ Trägst du denn nicht den Mann im Ohr?
<u>Bumbumsingsang</u> kommt öfter vor.
Er spielt Musik für dich und mich,
und amüsiert uns königlich.
So dringt stets in mein Ohr sein Klang,
drum heißt er auch Dröhninmichlang.

Weißt du wovon
die Rede ist?

④ Kennst du den Kasten auch schon immer?
Wie heißt er gleich? <u>Guckflimmerflimmer</u>!
Der unterhält dich Tag und Nacht;
doch gib ein bisschen darauf Acht,
dass er nicht wird im Handumdrehn
zu einem Täglichdummsichsehn!

24

① **Um welches technische Gerät handelt es sich jeweils?
Schreibe die Strophe dazu.**

Fernseher Strophe _4_   Handy Strophe _1_

MP3-Player Strophe _3_   Computer Strophe _2_

② **Welche Aussage stimmt? Kreuze an.**

☐ Im Gedicht werden die technischen Geräte nur schlecht gesehen.

☐ Im Gedicht werden vor allem die Vorteile der technischen Geräte
aufgezeigt.

☒ Das Gedicht betrachtet die technischen Geräte kritisch.

☐ Das Gedicht preist den Gebrauch technischer Geräte an.

③ **Jedes Gerät erhält im Gedicht einen Namen,
in dem eine Wortdoppelung vorkommt.
Unterstreiche diese Namen blau.**

Das ist eine
Wortdoppelung.

④ **Jedes Gerät erhält im Gedicht einen weiteren Namen, der aus
mehreren zusammengezogenen Wörtern besteht, aber keine
Wortdoppelung enthält. Schreibe ihn zum entsprechenden Gerät.**

Fernseher: Täglichdummsichsehn

Computer: MauspiepsiWebNetmachmichfroh

MP3-Player: Dröhninmichlang

Handy: Quatschundamen

⑤ **Bei einem Paarreim reimen sich die Wörter am
Ende von zwei aufeinanderfolgenden Zeilen.
Wie viele Paarreime findest du im Gedicht?** _12_

25

Es war einmal ein Prinz, der wollte heiraten. Aber er wollte ganz sicher sein,
dass es eine wirkliche Prinzessin ist. Darum reiste er weit herum. Jedoch
wohin er auch kam, überall fehlte etwas. Nie war er sich sicher, ob es sich
tatsächlich um eine Königstochter handelte. Immer stimmte etwas nicht.
Irgendwann hatte er die Suche satt und brach die Reise ab. Enttäuscht
kehrte er in das Schloss seiner Eltern zurück. Aber er wollte doch noch immer
so gerne eine wirkliche Prinzessin zur Frau.
Eines Abends zog ein furchtbares Unwetter auf. Es blitzte und donnerte,
der Regen prasselte nur so herab, es war fürchterlich! Doch plötzlich klopfte es
an das Schlosstor. Der alte König stapfte verwundert zum Tor, um aufzumachen.
Draußen stand eine Prinzessin. Aber wie sah sie aus! Vom Regen und dem
stürmischen Wetter lief ihr das Wasser von den Haaren und auch von den
Kleidern herab. Das Mädchen sagte: „Lasst mich ein, ich bin eine Prinzessin
und brauche Unterschlupf!" Und so ließ sie der König ein und brachte sie
zu seiner Frau.
„Ob sie wirklich eine echte Prinzessin ist? Das werden wir in Erfahrung
bringen!", dachte die alte Königin. Aber sie sagte zu dem Mädchen nichts
und war freundlich und hilfsbereit. Die Frau ging in die Gästeschlafkammer,
nahm alles Bettzeug ab und legte eine kleine, getrocknete Erbse auf den Boden
der Bettstelle. Dann nahm sie unzählige Matratzen und legte sie auf die Erbse.
Schließlich gab sie noch etliche Daunendecken oben auf die Matratzen.
In diesem Bett sollte nun die Prinzessin die Nacht über schlafen.
Am Morgen fragte sie der Prinz: „Wie hast du geschlafen?" „Oh, fürchterlich
schlecht!", seufzte die Prinzessin. „Ich habe fast die ganze Nacht kein Auge
zugetan! Ich weiß nicht, was in meinem Bett war. Ich habe auf etwas Hartem
gelegen. An meinem ganzen Körper habe ich davon braune und blaue Flecken.
Es ist ganz schrecklich!"
An den blauen Flecken konnte man erkennen, dass sie eine wirkliche,
feinfühlige Prinzessin war. Durch die vielen Matratzen und Daunendecken
hindurch hatte sie die winzige Erbse gespürt. So empfindlich konnte niemand
sein außer einer echten Prinzessin.
Da nahm sie der Prinz zur Frau. Durch den Test wusste er, dass er eine
wahrhaftige Prinzessin gefunden hatte. Und die Erbse kam in die Schatzkammer, wo sie noch heute zu sehen ist, wenn sie niemand gestohlen hat.

(nach den Brüdern Grimm)

26

Markiere in diesem Märchen
die 30 Veränderungen.

Es war einmal ein Prinz, der **sollte** heiraten. Aber er wollte ganz sicher sein,
dass es eine **echte** Prinzessin ist. Darum reiste er weit **umher**. Jedoch **egal**
wohin er auch kam, überall fehlte etwas. Nie war er sich **wirklich** sicher,
ob es sich tatsächlich um eine Königstochter handelte. Immer stimmte
irgendetwas nicht. Irgendwann hatte er die Suche satt und brach die Reise ab.
Traurig kehrte er in das Schloss seiner Eltern zurück. Aber er wollte doch
noch immer so gerne eine **wahrhaftige** Prinzessin zur Frau.
Eines **Tages** zog ein furchtbares **Gewitter** auf. Es blitzte und donnerte, der Regen
prasselte nur so herab, es war fürchterlich! Doch plötzlich **pochte** es an das
Schlosstor. Der alte König **lief** verwundert zum Tor, um aufzumachen.
Draußen stand eine Prinzessin. Aber wie sah sie aus! Vom Regen und dem
stürmischen Wetter **tropfte** ihr das Wasser von den Haaren und auch von den
Kleidern herab. Das Mädchen **flehte**: „Lasst mich **hinein**, ich bin eine Prinzessin
und brauche Unterschlupf!" Und so ließ sie der König ein und brachte sie
zu seiner Frau.
„Ob sie wirklich eine echte Prinzessin ist? Das werden wir **gleich** in Erfahrung
bringen!", dachte die alte Königin. Aber sie sagte zu dem Mädchen nichts und
war freundlich und **höflich**. Die Frau ging in die **Schlafkammer**, nahm alles
Bettzeug ab und legte eine kleine, **trockene** Erbse auf den Boden der Bettstelle.
Dann nahm sie **viele** Matratzen und legte sie auf die Erbse. Schließlich gab sie
noch etliche **Federbettdecken** oben auf die Matratzen. In diesem Bett sollte nun
die Prinzessin **eine** Nacht über schlafen.
Am Morgen fragte sie der Prinz: „Wie hast du geschlafen?" „Oh, fürchterlich
schlecht!", **stöhnte** die Prinzessin. „Ich habe fast die ganze Nacht kein Auge
zugetan! Ich weiß nicht, was in meinem Bett war. Ich habe auf etwas Hartem
gelegen. An meinem ganzen Körper habe ich davon **grüne** und blaue Flecken.
Es ist ganz schrecklich!"
An den blauen Flecken konnte man erkennen, dass sie eine wirkliche,
feinfühlige Prinzessin war. Durch die vielen **Matten** und Daunendecken
hindurch hatte sie die **kleine** Erbse gespürt. So empfindlich konnte niemand
sein außer einer echten Prinzessin.
Deshalb nahm sie der Prinz zur Frau. Durch **diesen** Test wusste er, dass
er eine wahrhaftige Prinzessin gefunden hatte. Und die Erbse kam in die
Schatzkammer, wo sie noch heute zu **bestaunen** ist, wenn sie niemand
gestohlen hat.

(nach den **Gebrüdern** Grimm)

27

In den vierten Klassen der Aubachschule wurde folgende Befragung durchgeführt: „Welche Märchen gefallen dir besonders gut?"
Zehn Jungen und zwölf Mädchen wurden befragt. Die in der Tabelle angegebenen Märchen waren bei den teilnehmenden Kindern bekannt.

A	Hänsel und Gretel
B	Die Prinzessin auf der Erbse
C	Frau Holle
D	Hans im Glück
E	Das Märchen vom Schlaraffenland
F	Die goldene Gans

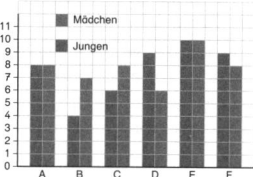

Mädchen
Jungen

① **Welches Märchen ist bei Jungen und Mädchen am beliebtesten?**

Das Märchen vom Schlaraffenland

② **Welche beiden Märchen werden von Jungen und Mädchen gleich gerne gelesen?**

Hänsel und Gretel

Das Märchen vom Schlaraffenland

③ **Welche drei Märchen gefallen den Mädchen gleich gut?**

Hänsel und Gretel

Frau Holle

Die goldene Gans

④ **Welches Märchen haben nur vier Jungen als Lieblingsmärchen angegeben?**

Die Prinzessin auf der Erbse

⑤ **Wie viele Kinder nahmen an der Befragung teil?** 22 Kinder

---

Stefans liebstes Hobby ist Fußball.
Er ist ein richtiger Experte auf diesem Gebiet.
Mit seinem Team hat er schon einige Turniere gewonnen.
Sie sind allerdings nur Amateure.
Stefans größter Wunsch ist es, einmal Profi zu werden.
Sein Coach unterstützt ihn dabei.
Seine Prognose lautet: „Du wirst mit viel Fleiß vielleicht richtig prominent!"
Stefans Sympathie gilt dem TSV 1860 München.
Er ist ein echter Fan des Vereins.
Ein Job dort wäre sein größtes Glück.

① **Verbinde das jeweilige Fremdwort mit seiner deutschen Bedeutung.**

Fußball-Profi — Mannschaft
Team — Fachmann
Fan — Berufsfußballer
Experte — Anhänger
Hobby — Betreuer/Trainer
Coach — Freizeitbeschäftigung
Fußball-Amateur — berühmt/bekannt
prominent — Zuneigung
Sympathie — Freizeitfußballer
Job — Voraussage
Prognose — Beruf/Anstellung

Die wohl teuerste E-Gitarre der Welt gehörte dem Sänger und Gitarristen Eric Clapton. Er kaufte 1970 für nur wenig Geld sechs E-Gitarren. Aus dreien von diesen bastelte er „Blackie". „Blackie" ist schwarz-weiß und wurde von Eric Clapton auf sehr vielen Konzerten benutzt.
Sie war seine wichtigste Gitarre. Genau aus diesem Grund war das Instrument dann auf einer Auktion 2004 auch so teuer! Sie wurde von Eric Clapton für 959 500 US-Dollar an das „American Guitar Center" verkauft.

Eine der ersten und berühmtesten Rockbands der Welt waren die „Beatles". John Lennon, Paul McCartney, George Harrison und Ringo Star gehörten dieser Band an.
Sie kamen aus Großbritannien.
Ihr Name hat mit der Musikrichtung zu tun, die sie spielen: dem Beat. „To beat" heißt im Englischen „schlagen".
Den Namen Beat verwendet man seit etwa 1960 für Rockmusik. Im gleichen Jahr wurde die Rockband „The Beatles" auch gegründet.

Einen ungewöhnlichen Künstlernamen hat sich der Rockmusiker Jan Ulrich Max Vetter ausgesucht. Er ist Sänger und Gitarrist der deutschen Rockband „Die Ärzte". Diese Band wurde 22 Jahre nach den Beatles gegründet. Weil es sein liebstes Hobby ist, in den Urlaub zu fahren, hat Herr Vetter sich „Farin Urlaub" genannt.
„Farin" hört sich an, als wäre es ein türkischer Name. Dabei wurden nur zwei Wörter vereint.

In Anlehnung an Blues- oder Jazzbands, in deren Bandnamen die Wörter „red" (deutsch: rot), „hot" (deutsch: heiß) und „Chili" (ein scharfes Gewürz) vorkamen, nannte sich eine amerikanische Rockband „Red Hot Chili Peppers". Die Band wurde im Jahr nach der deutschen Band „Die Ärzte" gegründet. Ihre Lieder sind bis heute äußerst beliebt.
Die heutigen Bandmitglieder trinken nach eigenen Aussagen keinen Alkohol, nehmen keine Drogen und rauchen nicht. Dies war jedoch nicht immer so. Nachdem einige ursprüngliche Mitglieder der Band sehr schlimme Erfahrungen damit gemacht hatten, änderten die späteren Mitglieder ihr Leben und erteilten Alkohol, Drogen und Zigaretten eine Absage.

---

① **Welche Gitarre sieht aus wie Eric Claptons „Blackie"? Kreise ein.**

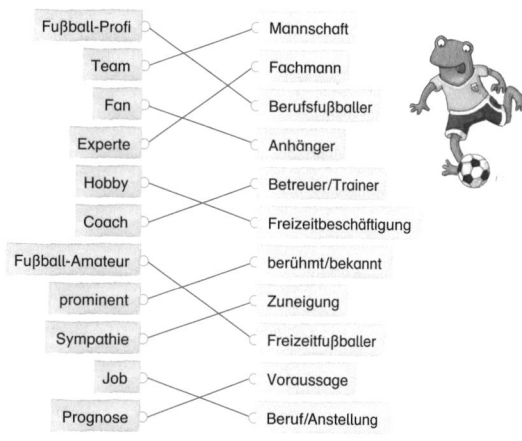

② **Kreuze richtige Aussagen an.**

☒ Die Bandmitglieder der „Red Hot Chili Peppers" haben aus ihren früheren Fehlern gelernt und halten sich von Drogen, Alkohol und Zigaretten fern.

☐ Farin ist ein türkischer Name, den sich der Sänger und Gitarrist der Band „Die Ärzte" gegeben hat.

☒ Der Band „The Beatles" gehörten insgesamt vier Mitglieder an.

☐ Eric Clapton kaufte 1970 seine Gitarre „Blackie".

☒ Jan Vetter fährt sehr gerne in den Urlaub.

☐ 959 500 Euro kostete die teuerste Gitarre der Welt.

☒ Die Bandmitglieder der Beatles stammten aus Großbritannien.

☒ Aus drei Gitarren baute Clapton seine wichtigste Gitarre zusammen.

☐ Der Name „Red Hot Chili Peppers" setzt sich aus den Namen berühmter Pop- und Rockbands zusammen.

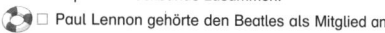 ☐ Paul Lennon gehörte den Beatles als Mitglied an.

③ **Wann wurde welche Band gegründet?**

Red Hot Chili Peppers: 1983

Die Ärzte: 1982

The Beatles: 1960

Die Bergheimschule ist eine große Gemeinschaft von Schülern und Lehrern. Es kam immer häufiger vor, dass sich einige Kinder nicht an die Regeln hielten. Deshalb haben es sich die vierten Klassen zur Aufgabe gemacht, eine neue, verständliche Schulordnung zu erstellen. Hier kannst du die wichtigsten Regeln nachlesen:

1. Gut miteinander auskommen
1a) Ich gehe fair und rücksichtsvoll mit meinen Mitschülern und Lehrern um.
1b) Ich bin als „Große(r)" ein gutes Vorbild für jüngere Schüler.
1c) Ich achte bei Auseinandersetzungen besonders auf meine Worte.
1d) Ich nehme niemandem etwas weg.
1e) Ich befolge die Anweisungen der Lehrer.

2. Unfälle vermeiden
2a) Ich renne und schreie im Schulhaus nicht herum.
2b) Ich drängle und schubse nicht.
2c) Ich raufe, trete und schlage nicht.
2d) Ich stelle meine Schultasche immer an der Wandseite ab.
2e) Ich darf Rollerskates, Knallkörper und Messer nicht mit in die Schule bringen.
2f) Ich werfe im Winter nicht mit Schneebällen.

3. Saubere Schule
3a) Ich bin mitverantwortlich für Ordnung und Sauberkeit im Klassenzimmer, auf den Gängen, den Toiletten und dem Schulhof.
3b) Ich werfe Abfälle in die Abfallkörbe.
3c) Ich achte auf das Sortieren meiner Abfälle.
3d) Ich betrete das Klassenzimmer nur mit sauberen Schuhen.

---

① Welche Regeln haben die Kinder nicht beachtet? Schreibe die passenden Nummern auf.

- Bei einer Rauferei auf dem Schulhof verletzten sich drei Jungen. Einer blutete an der Lippe, einer verlor einen Zahn, einer hatte ein blaues Auge. _2c_

- Mona entwendete heimlich aus den Federmäppchen ihrer Mitschüler Stifte. In ihrem Schulranzen wurden sechs Stück gefunden. _1d_

- Die Toilettenschüsseln im Mädchenklo wurden mit Papierrollen zugestopft. Die Täter konnten nicht ermittelt werden. _3a_

- Benno schubste einen Klassenkameraden an der Treppe. Dieser fiel hin und brach sich den linken Arm. _2b_

- Ein Zweitklässler hatte seinen Schulranzen mitten auf dem Gang abgestellt. Ein anderes Kind stolperte darüber und fiel hin. _2d_

- Im Papierkorb fand die Putzfrau Orangenschalen, leere Tintenpatronen und Brotreste. Sie musste alles aussortieren. _3c_

- Nach den Weihnachtsferien brachte ein Kind Knallfrösche von Silvester mit in die Schule. Es zündete sie in der Aula an. Verletzt wurde niemand. _2e_

- Ein Mädchen aus der ersten Klasse fiel in der Pause hin. Leon ging rücksichtslos an ihr vorbei. _1a_

- Ein besonders eisiger Schneeball traf das Fenster des Hausmeisterhäuschens. Dabei ging die Scheibe zu Bruch. _2f_

- Auf dem Schulweg war Lisa in einen Hundehaufen getreten. Ohne die Schuhe vorher zu säubern, betrat sie den Klassenraum. _3d_

- Einige Kinder spielten auf dem frisch eingesäten Rasen Fußball, obwohl die Lehrer das ausdrücklich verboten hatten. _1e_

- Hanna hielt ihrer schwer bepackten Lehrerin die Tür nicht auf. _1a_

„Ich bin viel besser als du, weil ich schön saftig bin."

„Aber ich schmecke dafür gemixt mit Milch ganz wunderbar!"

„Was wollt denn ihr? Am besten bin doch ich. Mich braucht man nicht zuerst schälen, ehe man in mich hineinbeißen kann."

„Ihr taugt beide nichts. Ihr werdet nämlich braun, wenn ihr längere Zeit an der Luft bleibt. Ich hingegen behalte meine schöne orange Farbe."

„Dafür spritzt du immer so herum, während ich schön weich bleibe, vor allem, wenn man mich zerdrückt."

„Ich sehe am Baum wunderbar aus mit meiner roten, gelben oder grünen Farbe."

„Pah, meinst du meine leuchtende Farbe ist nicht viel schöner? Und so rund wie du bin ich schon lange."

„Rund? Wer möchte schon so kugelrund sein? Da ist meine längliche, gebogene Form doch wesentlich eleganter."

„Nun gib nicht so an, wenn du zu lange in der Sonne liegst, wirst du braun und matschig. Ich hingegen werde nur noch saftiger, wenn ich ein kleines Sonnenbad nehme."

„Von meiner Sorte gibt es in Deutschland auf jeden Fall die meisten Exemplare."

---

① Um welche drei Früchte handelt es sich? Kreuze an.

☐ Weintraube   ☒ Orange   ☐ Zitrone
☒ Banane   ☐ Kiwi   ☐ Ananas
☐ Pflaume   ☒ Apfel   ☐ Kirsche

② Welche Frucht spricht zuerst? _Orange_

Unterstreiche alle Sätze **orange**, die diese Frucht spricht.

③ Welche Frucht spricht als Zweite? _Banane_

Unterstreiche alle Sätze **gelb**, die diese Frucht spricht.

④ Welche Frucht spricht als Dritte? _Apfel_

Unterstreiche alle Sätze **grün**, die diese Frucht spricht.

⑤ Ist eine der drei Früchte die Beste?

☐ Ja, die saftigste Frucht ist am besten, weil man Saft daraus machen kann.
☒ Nein, jeder Mensch entscheidet selbst, welche Frucht er am liebsten mag.
☐ Ja, die Frucht, die in Deutschland wächst, schmeckt am besten.

⑥ Welche Stichworte beschreiben eine Frucht? Schreibe die Frucht dahinter. Mit welchen Stichwortreihen kannst du nichts anfangen? Streiche sie durch.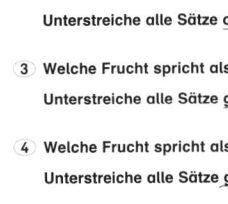

rund – rot – saftig – klein – doppelt am Baum _Kirsche_

~~ab – und – voll – daneben – abgeschält~~

gelb – saftig – sauer – Zitrusfrucht _Zitrone_

~~kernig – gesund – appetitlich – sehr gerne~~

~~absolut – zuverlässig – durchsichtig – Größe~~

viele – blau – grün – rund – mit Kern – klein – für Wein _Weintraube_

Jana hatte nicht damit gerechnet, dass es
eine solche Horde war, die sich in rasantem
Tempo völlig ungeordnet auf sie zu bewegte.
Janas Finger krallten sich in die Tüte, die sie
bei sich trug. Sie wollte davon laufen, doch es
war zu spät! Nach vorne konnte sie nicht flüchten,
1 weil die gehörnten Monster ihr den Weg abschnitten.
Nach hinten war kein Fluchtweg offen, da die
Felswand ein Ende des Weges darstellte. Sie drückte
sich gegen den kalten Felsstein und wartete auf ihr
Schicksal. Schon waren die Ungeheuer vor ihr.
Sie konnte ihren Atem an den nackten Beinen
2 und Armen spüren. Sie konnte ihr borstiges Fell fühlen.
Früher hatte sie diese Tiere einmal für friedliebende
Wesen gehalten. Aber jetzt!

Nein, sie wollte ihre Tüte nicht hergeben, hielt sie tapfer in die Höhe,
umklammerte sie mit beiden Händen. Eines der Tiere biss in ihr T-Shirt.
Jana schrie auf! Aber es kam noch schlimmer: Ein Tier machte einen Satz
3 auf sie zu, seine Hörner verfehlten knapp ihren Oberarm und krachten gegen
die Felswand. Jana zuckte zusammen. Sie sah keinen Ausweg mehr.
4 Immer mehr Vierbeiner kamen ungeordnet auf sie zu und drängten sich um sie.
5 Und dann stemmte einer auch noch seine Hufe gegen sie. Jana kreischte laut:
„Au, hau ab, du blödes Vieh!"
Das Tier hatte jetzt fast die Tüte erreicht. Jana stellte sich auf die Zehenspitzen.
6 Da ließ das Monster mit dem Bart von dem Kind ab und zog sich zurück.
7 Doch kaum war diese Gefahr gebannt, stemmte sich ein anderes meckerndes
Vieh gegen die Felswand und versuchte so, sie zum Aufgeben zu zwingen
und die Tüte herzugeben. Jana schrie, so laut sie konnte.

Endlich eilte ihr Vater zu ihr, der sie die ganze Zeit beobachtet hatte.
Er nahm die Tüte in die eine Hand und Jana an die andere Hand, ging mutig
an den ganzen Monstern vorbei, hinaus aus dem Gehege und fragte
die weinende Jana: „Warum hast du ihnen denn nichts gegeben?"
„Ich wollte, dass sie lernen, sich ordentlich anzustellen!", schniefte Jana.

36

1 Sieben Textstellen geben Hinweise,
um welche Tiere es sich handelt.
Unterstreiche sie.

2 Um welche Tiere handelt es sich?

☐ Schafe   ☐ Gänse   ☐ Pferde   ☐ Kühe   ☐ Katzen
☐ Lamas   ☒ Ziegen   ☐ Tiger   ☐ Hunde   ☐ Zebras

3 Vergleiche mit dem Text. Unterstreiche richtige Aussagen.

- Jana war allein unterwegs und wollte im Zoo die Tiere füttern.
- Jana und ihre Familie machten einen Spaziergang in den Bergen
  und trafen dabei auf eine freilaufende Tierherde.
- Jana hatte Futter in einer Tüte bei sich und wollte damit die Tiere füttern.
- Die Tiere konnten nicht weiter gehen als bis zur Umzäunung.
- Janas Vater dachte zunächst, Jana würde mit den Tieren alleine
  fertig werden.
- Rund um Jana herum befanden sich Felsen.
- Janas Vater bemerkte erst sehr spät, dass Jana in Bedrängnis war.

4 Nummeriere der Reihenfolge nach, was die Tiere mit Jana machten.

5 Ein Tier traf mit den Hörnern fast ihren Oberarm.

2 Die Tiere nahmen Jana den Fluchtweg.

4 Ein Tier biss in ihr T-Shirt.

6 Die Tiere stemmten die Beine gegen sie.

1 Die Tiere kamen in schnellem Tempo auf Jana zu.

3 Die Tiere bliesen ihren Atem an Janas Arme und Beine.

37

Ein Mann und eine Frau gingen spazieren.
Sie kamen an einem See vorüber.
Daneben stand ein Baum, der sich
im Wasser spiegelte. Dieser hatte
eine Astgabelung. Im Spiegelbild
des Wassers sah das Paar, dass sich
auf dem Baum zwischen den Ästen
ein Nest befand. Als sie aber nach
oben blickten, war dort kein Nest
zu sehen.

Die Frau kletterte auf den Baum, denn sie wollte wissen, ob sich darauf
ein Nest befand oder nicht. Oben angekommen sah sie kein Nest,
spürte aber eines zwischen den Ästen. Sie konnte mithilfe des Spiegelbildes
im Wasser und aufgrund ihres Tastsinnes das unsichtbare Nest in die Hand
nehmen. Als sie es in den Händen hielt, wurde sie ebenfalls unsichtbar.
Der Mann konnte sie nur im Spiegelbild des Wassers sehen. Sie kletterte
vom Baum herunter und ging neben dem Mann her. Nun fragte sie
ihren Mann: „Kannst du mich sehen?"

Der Mann konnte mit ihr sprechen, sie aber nicht sehen, solange sie
das Nest trug. Er hörte also ihre Stimme und ihre Schritte, sah sie
aber nicht. Schließlich übergab die Frau das unsichtbare Vogelnest
ihrem Mann. Sobald dieser es in die Hand nahm, wurde auch er unsichtbar,
während die Frau wieder sichtbar wurde, da sie ja das seltsame Vogelnest
an ihren Gemahl abgegeben hatte.

So gingen die beiden eine Weile nebeneinander. Sie tauschten
immer wieder das Vogelnest und wurden dabei abwechselnd unsichtbar.
Schließlich wickelten beide das wundersame Nest in ein Tuch, das dadurch
auch unsichtbar wurde. Dieses Tuch mit dem Nest legten sie an einen Ort
in ihrer Wohnung. Zwar konnten sie das Tuch und das Nest nicht sehen,
es aber jederzeit spüren. Immer wenn sie unsichtbar werden wollten,
nahmen sie das Nest in ihre Hand.

(nach Jakob und Wilhelm Grimm)

38

1 Dies ist eine Sage. Unterstreiche alle Aussagen,
die auf diese Sage zutreffen.

- In der Sage wird Unmögliches wahr.
- Alle Tiere und Dinge können in der Sage sprechen.
- Oft erzählen Sagen von wundersamen Dingen.
- Jede Sage hat eine Lehre.
- Jede Sage beginnt mit „Es war einmal".
- Meist sind Tiere die Hauptdarsteller in einer Sage.

2 Welche Zeichnungen passen zur Geschichte. Kreise sie ein.

39

A Zauberferien

Magst du Harry Potter? Werde Zauberschüler!
Ein Zauberlehrer wird euch eine Woche
unterrichten. Abends gibt es am Lagerfeuer
Zauberer- und Hexengeschichten.
Einmal machen wir eine Nachtwanderung
durch den Zauberwald. Wir basteln Kostüme
und Zauberzubehör selbst. In der Hexenküche
bereiten wir unsere Mahlzeiten gemeinsam zu
und mixen Zaubertränke.
Es bleibt auch noch genug Zeit zum Faulenzen
am Muggelsee.
Als Zauberlehrling wohnst du in 4-Mann-Zelten.
Duschen und WCs sind im Hauptaus,
das einen Speisesaal hat.
Bitte Schlafsack und 10 € Materialgeld
mitbringen!
Eine Woche Kurs vom 13.8. bis 19.8.
mit Unterkunft und Verpflegung kostet 140 €.
Infos unter: 0 87 77/8 93 86 52

B Fußballferien

- Fußballcamp Hohenbrunn
- jede Woche von Anfang August bis 16.9.
- Anmeldung unter Tel.: 0 86 45/85 64
Anfänger oder Profi, hier kommst du
garantiert auf deine Kosten. An fünf Tagen
gibt es jeweils zwei Trainingseinheiten von
je drei Stunden. Wir trainieren in kleinen
Gruppen Technik und Spiel. Am Samstag
gibt es ein Abschlussturnier, am Sonntag
können deine Eltern, wenn sie dich
abholen, eure Künste bei einer Vorführung
bewundern. Weitere Freizeitaktivitäten:
Schwimmen, Tischtennis, Mountainbike.
Unsere Herberge hat 2-Bett-Zimmer.
Morgens und abends gibt es ein Buffet
und mittags warmes Essen.
Kosten: 120 € und 15 € für Bettwäsche

C Reiterferien

Unser Hof hat ausgebildete Betreuer und
zwölf Pferde sind unterschiedlicher Rassen.
Jeden Tag sind zwei Reitstunden eingeplant.
Nachmittags reiten wir gemeinsam aus.
Wer möchte, kann die Prüfung für das
„Kleine Hufeisen" ablegen. Einmal fahren
wir mit der Kutsche an den Troiensee
zum Baden. Abends gibt es lustige Spiele
und Geschichten am Lagerfeuer.
Ihr übernachtet in einer alten Scheune.
Bitte Schlafsack und Kissen mitnehmen!
Aufgrund der Gemeinschaftsunterkunft
sind diese Wochen nur für Mädchen buchbar.
- 20.8.–26.8., 27.8.–2.9. oder 3.9.–9.9.
- Kosten Vollpension/Reitunterricht: 180 €.
- Reitprüfung: 60 € extra
Buchen bei Pferdetours
unter Tel.: 08 52/94 56 78

D Ferien auf dem Kratzer-Hof

Wir wollen Abenteuer auf einem Bauernhof
und in wunderschöner Natur erleben.
Ein Ausflug zu einer nahe gelegenen Mühle
ist geplant. Gemeinsam lernen wir das
Melken von Kühen. Im Bauernhofmuseum
Kalling kannst du Töpfern, Spinnen, Weben,
Korbflechten und mehr ausprobieren.
Bei schlechtem Wetter basteln wir
gemeinsam im Mehrzweckraum und lesen
Geschichten vor. Am Lagerfeuer bereiten
wir Stockbrote zu. Eine Hof-Rallye beendet
die Woche vom 5.8.–12.8.

Ruf uns bei Interesse und für mehr
Informationen an:
Tel: 0 80 55/23 40

(!) **Beantworte die Fragen. Oft reicht es, wenn du den Buchstaben der jeweiligen Anzeige notierst (A, B, C, D).**

(1) **Was kosten die Reiterferien mit Prüfung?** 240 €

(2) **Wo können die Eltern am letzten Tag zusehen?** B

(3) **Welche beiden Programme haben viel mit Sport zu tun?** B   C

(4) **Was kann man unter der Telefonnummer 0 86 45/85 64 buchen?** B

(5) **Anna möchte im September verreisen. Welche Angebote kommen in Frage?** B   C

(6) **Wo wird gemeinsam gekocht?** A

(7) **Wie heißt die Reitprüfung?** Kleines Hufeisen

(8) **Bei welchen Ferien muss man Materialgeld mitbringen?** A

(9) **Wo muss man einen Schlafsack mitbringen?** A   C

(10) **Oliver möchte ein Ferienprogramm buchen.**

a) Welches Angebot kann er nicht wahrnehmen? C

b) Warum? Es gibt nur Gemeinschaftsunterkünfte für Mädchen.

Skateboarding

Skateboarding nennt man das Fahren auf einem Brett
mit vier Rollen. Solche Rollbretter sieht man am häufigsten
in Skateboardanlagen mit einer Halfpipe und einer Miniramp.
Auf der Straße nutzen Streetskater aber auch gerne Stufen,
Schrägen und Geländer als Gelegenheit um Hindernisse
durch akrobatische Sprünge zu überwinden.

Snowboarding

Das Snowboard ist ein Brett von etwa 1,5 m Länge.
Auf der Oberseite sind zwei Bindungen montiert, in die
nur Spezialschuhe passen. Der Fahrer steht seitlich
zur Fahrtrichtung auf dem Brett und saust damit im Winter
die Pisten hinunter. Seit 1998 ist Snowboarden eine
olympische Disziplin. Das Fahren auf Sand statt auf Schnee
wird als Sandboarding bezeichnet.

Slacklining (neue Trendsportart)

„Slack" ist englisch und bedeutet locker, „line" heißt Band.
Slackliner üben meist in Parks. Sie laufen über einen
elastischen Nylonriemen, der in Kniehöhe zwischen
zwei Bäume gehängt wird. Um die Balance zu halten,
müssen sie sich den Schwingungen des Gurtes anpassen.
Profis springen auf dem Band einen Salto oder balancieren
über Schluchten.

Poweriser (neue Trendsportart)

Die Poweriser-Sprungstelzen bezeichnet man auch als
ultimative „Sieben Meilenstiefel". Es handelt sich hier um
eine Stelzenkonstruktion mit vorgespannter Fiberglasfeder
und Kniebügel. Der Poweriser ermöglicht Sprünge bis zu
2 m Höhe und 5 m Weite. So können beim Joggen
Geschwindigkeiten bis zu 40 km/h erreicht werden.

---

(1) **Die Kinder unterhalten sich über Funsportarten. Ordne die Aussagen der Kinder durch Ankreuzen richtig zu.**

Hanna: Poweriser ist eine neuartige Stelzenkonstruktion.

Felix: Frei übersetzt heißt „Slacklining" gespanntes Seil.

Elias: In eine Snowboardbindung passen nur Spezialschuhe.

Lena: Für ein gutes Skateboard muss man mindestens 250 € ausgeben.

Sofia: Mit diesen neuen Sprungstelzen könnte ich bis zu 5 Metern hoch springen.

Erkan: Für Streetskater sind Stufen ideale Hindernisse.

Alex: Für Jung und Alt ist das Laufen auf Sprungstelzen leicht zu erlernen.

Klara: Snowboarden ist keine olympische Disziplin.

Namen	richtig	falsch	kommt im Text nicht vor
Hanna	✗		
Elias	✗		
Sofia		✗	
Alex			✗
Felix		✗	
Lena			✗
Erkan	✗		
Klara		✗	

Kennst du diese Redewendungen?

- Das ist doch eh für die Katz!
- Wie eine Katze um den heißen Brei herumschleichen.
- Die Katze aus dem Sack lassen.
- Ist die Katze aus dem Haus, tanzen die Mäuse auf dem Tisch.
- Die Katze im Sack kaufen.
- Die Katze lässt das Mausen nicht.

1 Welche Redewendung passt zu welcher Erklärung und zu welcher Beispiel-Geschichte? Ordne die Nummern richtig zu.

Erklärungen

2 Um etwas herumreden, nicht zum Wesentlichen der Sache kommen.

 1 Etwas ist zwecklos, vergeblich.

6 Wenn jemand eine schlechte Eigenart oder Angewohnheit auslebt und dieses Verhalten nicht unterdrücken kann.

3 Endlich mit der Sprache herausrücken, etwas endlich erzählen.

4 Etwas Verbotenes tun, wenn keine Person da ist, vor der man Respekt oder Angst hat.

5 Etwas unbesehen und ohne genaue Kenntnisse erwerben oder annehmen.

44

Beispiel-Geschichten

1 Mama hat gerade im Flur gesaugt und gewischt. Da stapft Theo mit seiner halben Fußballertruppe herein. Der Boden ist wieder total dreckig. Mama verdreht die Augen und stöhnt: „Jetzt habe ich völlig umsonst geputzt! Hier schaut es aus, als wäre eine Horde Dreckspatzen durchgelaufen!"

3 Esma wacht an ihrem Geburtstag auf. Sie stürmt nach unten und ruft: „Jetzt verratet mir endlich, was ich bekomme! Ihr habt so ein Geheimnis daraus gemacht! Jetzt will ich wissen, was es ist!" Mutter klärt sie auf: „Papa baut den Speicher aus. Du bekommst endlich ein eigenes Zimmer!"

2 Luis kommt aus der Schule. Papa kocht gerade Mittagessen. Luis beginnt zu stottern: „Du, äh, Papa, … auf dem Heimweg haben wir mit dem Fußball herumgekickt. Und also wirklich, es war gar keine Absicht … Und der Paul, der war eigentlich Schuld …" Papa meint: „Jetzt sag halt schon, was passiert ist!"

4 Die Lehrerin Frau Mahler muss wegen einer Durchsage kurz das Klassenzimmer verlassen und ein Telefonat im Büro annehmen. In der Zwischenzeit fangen Lisa und Marcel an, herumzuschreien und mit Papierkügelchen auf ihre Mitschüler zu schießen.

5 Klaus sieht im Prospekt ein Sonderangebot: ein Schlagzeug für nur 199 €! In der Beschreibung steht nicht viel drin und eine Abbildung gibt es auch nicht. Trotzdem bestellt Klaus das Instrument, weil es so billig ist und er nicht so viel von seinem Taschengeld ausgeben will.

6 Tina und Niko wissen, dass sie vor dem Mittagessen keine Süßigkeiten essen dürfen. Trotzdem schleichen sie in die Speisekammer und stibitzen – nicht zum ersten Mal – eine Tafel Schokolade, welche sie schnell und heimlich verdrücken.

45

Kreuzworträtsel

1. Ein Tier, das fliegen kann und Eier legt.
2. Ein anderes Wort für Papa.
3. Ein anderes Wort für Zoo.
4. Wenn sich etwas nicht unterscheidet, ist es …
5. Zwei Menschen, die verheiratet sind, führen eine …
6. Ein anderes Wort für Großmutter.
7. Südfrucht, die innen gelb und außen braun ist.
8. Die Hälfte von Acht.
9. Kleines Tier mit sehr vielen Stacheln, das in Deutschland lebt.
10. Lastentier, das einem Pferd sehr ähnlich sieht.
11. Große Tiere mit langen Rüsseln und Stoßzähnen aus Elfenbein.
12. Märchengestalt, meist klein und oft mit Flügelchen.
13. Schweres Tier mit einem großen Horn auf dem Kopf.
14. Sie leuchten in der Nacht am Himmel.
15. Tier mit Euter, das Milch gibt.
16. Ein anderes Wort für die Farbe Violett.
17. Kahler Kopf ohne Haare.
18. Raubtier mit schwarzen Streifen.
19. Ein anderes Wort für Violine.
20. Es wächst auf der Wiese. Getrocknet heißt es Heu.
21. Viele winzig kleine Steine, oft kommen sie am Strand vor.
22. Den Weltraum bezeichnet man oft so.
23. Das unterste Geschoss eines Hauses, meist ist es unter der Erde.
24. Ein Wassertier, das fliegen und schwimmen kann.
25. Eine sehr große Ortschaft.
26. Ein Pfad oder eine Straße durch ein Gebiet mit vielen Bäumen.
27. Darin liegen Babys.

Tipp: Bei einem Kreuzworträtsel verwendet man Großbuchstaben.

46

47

① Eines Morgens brachte Frau Schmidt ein leeres Aquarium mit in ihre Klasse.
Im Sitzkreis überlegten die 23 Kinder gemeinsam, was man damit anfangen könnte.
Eric und Lukas wollten darin Schlangen züchten, Emily und Sandra dachten
an Goldfische. Schließlich hatte Mario eine Idee: „Im Aubach sind viele Kaulquappen.
Im Aquarium könnten wir beobachten, wie sie sich zu Fröschen entwickeln."
Alle waren begeistert. „Prima", meinte Frau Schmidt, „Wir müssen diese Tierchen
aber bald wieder in den Bach zurückbringen, weil sie sich dort wohler fühlen."

② Nun wurden die Aufgaben verteilt: Lena, Elias und Hanna wollten sich um
die Innenausstattung des Aquariums kümmern. Mario, Max und Tobias sollten
die Kaulquappen einfangen. Vier weitere Kinder entschieden sich, im Internet
Informationen zu sammeln. Eric, Petra und Luis schlugen vor, in der Zoohandlung
nach Tipps für die artgerechte Haltung zu fragen. Drei andere Kinder wollten
Wasserpflanzen besorgen. Tim, Lukas und Ali versprachen, eine Wasserpumpe
mitzubringen, die bei Tims Eltern im Keller lag. Die restlichen Kinder planten,
sich zu treffen, um einen Hintergrund für das Aquarium zu malen.

③ Am nächsten Tag waren alle eifrig bei der Sache. Der Tierhandlungsbesitzer
hatte den Kindern Aquariensand geschenkt, den sie gleich einfüllten.
So wie er es erklärt hatte, bauten sie aus Steinen Nischen als Verstecke
für die Tierchen. Auch trockene Plätze zum Ausruhen gab es. Emily, Charlotte
und Felix pflanzten ihre mitgebrachten Wasserpflanzen ein.
Schließlich wurde das Becken mit Aubachwasser aufgefüllt und die Pumpe
eingebaut. Das Aquarium wurde vor das Plakat gestellt und die Kinder setzten sich
davor. Behutsam ließen nun die drei Jungen ihre Kaulquappen ins Wasser gleiten.
Nils, Sandra, Anna und Laura lasen vor, was sie im Internet gefunden hatten:

④ Im Mai legen die Froschweibchen sehr viele Eier ins Wasser.
Die Eier werden von einer durchsichtigen Hülle geschützt.
Nach ungefähr vier Wochen schlüpfen winzige Kaulquappen.
Sie schwimmen mit einem Ruderschwanz.
Durch die Kiemen nehmen sie Sauerstoff aus dem Wasser auf.
Sie ernähren sich vorwiegend von Algen und Plankton.
Nach einiger Zeit wachsen ihnen zuerst die Hinterbeine
und später die Vorderbeine.
Die kleinen Frösche können erst nach drei Monaten
durch die Lunge atmen.

Froschlaich zu sammeln
ist verboten. Kaulquappen
dürfen nur kurzzeitig
gehalten werden.

48

---

① **Unterstreiche alle Dinge, die in das Aquarium hineinkommen.**

<u>Wasserpflanzen</u>   Steine   Frösche   Futternapf   <u>Aquariensand</u>   Fische

<u>Wasserpumpe</u>   Meerwasser   <u>Kaulquappen</u>   <u>Aubachwasser</u>   Plastikeimer

② **Was wird in den einzelnen Absätzen beschrieben? Verbinde.**

Absatz 1 ⊃   ⊂ Verteilung der Aufgaben

Absatz 2 ⊃   ⊂ Überlegungen zu einem leeren Aquarium

Absatz 3 ⊃   ⊂ Vorlesen von Informationen

Absatz 4 ⊃   ⊂ Das Einrichten eines Aquariums

③ **Die Aufgaben wurden an die Kinder gerecht verteilt.**

Wie viele Kinder malten das Plakat? 4 Kinder

④ **Nummeriere die Entwicklung eines Frosches der Reihe nach.**

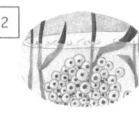
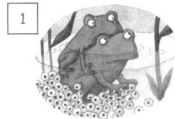

5   4   2

1   3   6

49

Speiseplan vom 28.09.–2.10.

Tage	Menü A	Menü B
Mo 28.09.	Lasagne mit Salat Obst	Brokkoliauflauf mit Käse überbacken und Salat Obst
Di 29.09.	Putenrahmgulasch mit Butterreis und Salat Obstquark	Kartoffelpuffer mit Apfelmus Obstquark
Mi 30.09.	Schinkennudeln mit gemischtem Salat Eis	Käsespätzle mit gemischtem Salat Eis
Do 1.10.	Rinderrouladen mit Salzkartoffeln und Gemüse Schokoladenpudding	Pfannkuchen mit Apfel-Kirsch-füllung und Vanillesoße Schokoladenpudding
Fr 2.10.	Fischstäbchen mit Kartoffeln und Gurkensalat Obstsalat	Spinat mit Spiegelei und Bratkartoffeln Obstsalat

!! Achtung !!
Essensmarken werden ab sofort nur noch in 5er-Päckchen zu 15 € verkauft.

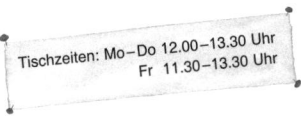

Tischzeiten: Mo–Do 12.00–13.30 Uhr
Fr 11.30–13.30 Uhr

Mir sind
Fliegen lieber!

50

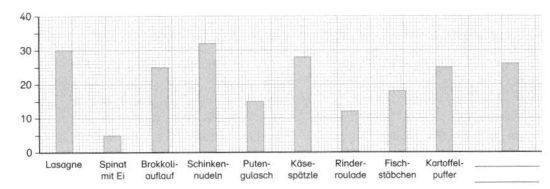

① **Ergänze im Diagramm das fehlende Gericht.**

② **Wie viele Kinder essen ein Gericht von Menü A?** 107 Kinder

③ **Wie viele Kinder essen ein Gericht von Menü B ?** 109 Kinder

④ **Welches Gericht wurde am häufigsten gewählt?**

Schinkennudeln

⑤ **Welches Gericht wurde am seltensten gewählt?**

Spinat mit Ei

⑥ **An welchen Tagen gibt es Gerichte mit Kartoffeln?**

Dienstag   Donnerstag   Freitag

⑦ **Wie viele Stunden pro Woche ist der Speiseraum geöffnet?**

8 Stunden

⑧ **Aus der Klasse 4b essen in dieser Woche täglich 15 Kinder in der Schule. Welcher Betrag muss dafür insgesamt bezahlt werden?**

225 Euro

51

Blattschneiderameisen

In Südamerika sind Blattschneiderameisen weit verbreitet. Sie sind größer als ihre Artgenossen hier bei uns. Wie ihr Name schon andeutet, schneiden sie mit ihren kräftigen Beißwerkzeugen Stücke aus Blättern heraus. Anschließend transportieren sie diese in unterirdische Kammern. Sie ernähren sich aber nicht direkt von den eingetragenen Blättern, sondern zerkauen sie zu einem Brei. Auf diesem Brei züchten sie einen ganz bestimmten Pilz, der ihnen als Nahrung dient. Die Partnerschaft zwischen Ameise und Pilz ist so eng, dass beide nicht ohne einander leben können.

Die Blattschneiderameisen leben in riesigen Kolonien mit bis zu drei Millionen Tieren. In so einem Ameisenstaat sind die Aufgaben streng verteilt. Die größte Ameise ist die **Königin**. Sie kommt nie ans Tageslicht. Als einzige legt sie die Eier, aus denen die Larven schlüpfen, und sorgt so für Nachkommen. Die Maxima-Arbeiterin zerschneidet mit ihren kräftigen Beißwerkzeugen Blätter und befördert die Blattteile anschließend zum Bau. Dabei trägt sie die Stücke wie ein aufgespanntes Segel über ihrem Kopf. Man nennt sie deshalb auch „Sonnenschirm-Ameise".

Am Ameisennest wird die Ladung von den zuständigen, etwas kleineren Media-Arbeiterinnen übernommen. Sie schleppen die Blattstückchen nach unten in den Bau und geben sie an die Minima-Arbeiterinnen, die kleinsten des Staates, weiter. Diese zerkauen die Teile zu einem Brei. Der Brei dient als Nährboden, auf dem diese speziellen Pilze heranwachsen, die die Ameisen selbst fressen und auch an ihre Larven verfüttern. Um den Ameisenbau gegen Eindringlinge zu verteidigen, stehen einige besonders große Ameisen bereit: Die **Soldaten**. An ihrem Kopf befinden sich beachtliche Beißzangen.

Wenn du dir nicht sicher bist, dann lies im Text noch mal genau nach.

① Streiche falsche Aussagen durch.

- ~~Die Blattschneiderameise ist in Europa weit verbreitet.~~
- Sie ist größer als ihre Artgenossen bei uns.
- ~~Mit ihren kräftigen Vorderbeinen schneidet sie Stücke aus den Blättern.~~
- ~~Jungtiere sammeln die Blattstücke ein.~~
- Zwischen Pilz und Ameise besteht eine Partnerschaft.
- ~~Die Königin verlässt ihr Nest zum Eierlegen.~~
- Die Aufgaben in einem Ameisenstaat sind gut verteilt.
- Blattteile werden von den Ameisen wie Segel über dem Kopf getragen.
- ~~Die Königin nennt man auch „Sonnenschirm-Ameise".~~
- Die Maxima-Arbeiterin zerschneidet die Blätter.
- ~~Am Ameisennest übernehmen größere Media-Arbeiterinnen die Blattstücke.~~
- Media-Arbeiterinnen transportieren die Laubteile zum unterirdischen Nestbau.
- ~~Die Blattschneiderameise ernährt sich von Blättern.~~
- Die kleinsten Ameisen sind die Minima-Arbeiterinnen.
- ~~Minima-Arbeiterinnen verschlucken Teile vom Brei.~~
- Bis zu drei Millionen Ameisen leben in einer Kolonie zusammen.
- ~~Ameisen verfüttern Larven an die Pilzstückchen.~~
- ~~Soldaten haben an ihren Beinen besonders große Zangen.~~
- Auf den zerkauten Blattstücken wachsen Pilze.
- Ohne die Ameisen könnten die Pilze nicht leben.

Geheime Abmachungen

Fred Finster, Karl Knast und Lilo Langfinger trafen sich im Café am Eok. Sie führten nichts Gutes im Schilde.
„Abam Mobontabag frübüh gebeht ebes lobos", sagte Fred Finster. Er ließ seinen Blick durch das Café schweifen, um sicher zu gehen, dass ihnen niemand zuhörte. Aber selbst wenn, war es kein Problem. Denn kaum jemand verstand ihre Geheimsprache. Sie beherrschten diese perfekt und sprachen sie sehr schnell.

„Um wlch Uhrzit solln wir uns trffn?", fragte Lilo Langfinger. Ihre Geheimsprache war am schwierigsten auszusprechen, aber sie konnte das trotz ihrer piepsigen, hohen Stimme sehr gut.
„Ächt Ähr, wärdä äch sägän", schlug Karl Knast vor.
„Aballebes klabar!"
„Abr wir tun dn Bankangstlltn nichts!"
„Nän, wär ärschräckän sä när, sädäss sä äns däs Gäld gäbän."
„Ubund dabann haubaueben wibir gabanz schnebell abab!"
Die drei lachten nun so laut, dass ein paar Gäste des Cafés sie fragend anschauten.
Im nächsten Augenblick stand ein großer, dünner Mann vom Nebentisch auf, ging auf sie zu und sprach mit tiefer Stimme: „Uch bun un Puluzust. Hub uch uch undluch urwuscht, wus! Us urum Plun wurd ludur nuchts. Uch muss uch sufurt vurhuften."
Die drei Banditen sahen sich fragend an. Was sprach dieser Mann nur für eine seltsame Sprache. Und was wollte er von ihnen?

---

① Was haben die drei Banditen vor?

☐ Sie wollen ein Bild stehlen.　　☒ Sie wollen eine Bank ausrauben.
☐ Sie wollen ein Auto knacken.　　☐ Sie haben nichts Besonderes vor.

② Was will der Mann vom Nebentisch von den Banditen?

☐ Er ist auch ein Bandit und will ihnen helfen.
☐ Er ist ein Ausländer und will sie fragen, welche Sprache sie sprechen.
☒ Er ist ein Polizist und will sie verhaften.

③ Übersetze, was der Mann vom Nebentisch sagt.

Ich bin ein Polizist. Hab ich euch endlich erwischt, was!

Aus eurem Plan wird leider nichts.

Ich muss euch sofort verhaften.

④ Wer spricht welche Geheimsprache? Schreibe den Namen dazu.

Fred Finster	: Nach jedem Selbstlaut wird ein b eingefügt und der Selbstlaut wiederholt.
Karl Knast	: Alle Selbstlaute, Umlaute und Doppellaute werden als Ä/ä gesprochen.
Polizist	: Alle Selbstlaute, Umlaute und Doppellaute werden als U/u gesprochen.
Lilo Langfinger	: Das E/e wird nicht gesprochen.

⑤ Wer sagt jeweils diesen Satz?

Fred Finster	: „Aballebes klabar!"
Lilo Langfinger	: „Abr wir tun dn Bankangstlltn nichts!"
Karl Knast	: „Nän, wär ärschräckän sä när, sädäss sä äns däs Gäld gäbän."

Tim möchte Mama mit Blaubeerpfannkuchen überraschen.
Im Internet findet er auf einer Kinder-Koch-Seite folgenden Rezeptvorschlag:

Zutaten:

- 250 g Mehl
- ½ l Buttermilch
- einen Esslöffel Zucker
- drei Eier
- 75 g Butter
- einen Teelöffel Backpulver

- 125 g Blaubeeren
- 250 g Sahnequark
- zwei Päckchen Vanillezucker
- etwas Butter zum Ausbacken
- Zucker und Zimt zum Bestreuen

Mische zuerst Mehl, Zucker und das Backpulver in einer Schüssel.
Trenne die Eier in Eigelb und Eiweiß. Gib das Eigelb und die Buttermilch
zu den anderen Zutaten in die Schüssel.
Schmelze 75 g Butter in einem kleinen Topf und gib sie ebenfalls dazu.
Verrühre alles miteinander.
Schlage nun das Eiweiß mit dem Mixer steif. Hebe das geschlagene
Eiweiß vorsichtig unter den Teig.

Wasche die Blaubeeren und trockne sie vorsichtig mit Küchenkrepp ab.
Mische die Früchte nun unter den flüssigen Teig.
Erhitze in einer beschichteten Pfanne etwas Butter. Mach die Pfanne
aber nicht zu heiß, sonst verbrennt dir die Butter.
Setze mit einem Esslöffel kleine Teighäufchen in die Pfanne.
Backe die Pfannkuchen etwa drei Minuten von der einen Seite.
Wende sie nun vorsichtig und gare sie von der anderen Seite noch
zwei Minuten fertig.

Verrühre den Quark mit dem Vanillezucker. Füge noch etwas Zucker
hinzu, wenn die Creme nicht süß genug ist.
Lege die Pfannkuchen auf einen Teller, gib auf jeden etwas
Vanillequark und bestreue alles mit Zimt und Zucker.

---

1. **Tim hat sich die wichtigsten Schritte stichpunktartig notiert.
Leider sind sie ihm etwas durcheinander geraten.
Nummeriere in der richtigen Reihenfolge.**

9   Blaubeeren waschen und trocken tupfen

8   Eiweiß unterheben

2   Mehl, Zucker und Backpulver mischen

3   Eier trennen

1   Zutaten bereitstellen und abwiegen

12   Teighäufchen in die Pfanne geben

10   Blaubeeren in den Teig geben

5   Butter für den Teig schmelzen und beifügen

4   Eigelb und Buttermilch hinzugeben

6   Schüsselinhalt verrühren

7   Eiweiß steif schlagen

16   Quark mit Vanillezucker verrühren und süßen

15   2 Minuten auf der anderen Seite backen

13   3 Minuten backen

14   Pfannkuchen wenden

17   auf einem Teller schön anrichten

11   Butter in der Pfanne vorsichtig erhitzen

> Arbeite mit Bleistift!
> Dann kannst du Fehler
> ausradieren.

---

1   Diese Inseln liegen im Pazifischen Ozean, …

2   Sie gehören zum Land Ecuador und bestehen aus 13 großen, …

3   Es leben viele „endemische" Tierarten dort, …

4   Das bekannteste Tier der Inseln ist die Riesenschildkröte, …

5   Auch Fregattvögel mit über 1 m Größe gibt es hier, …

6   Die Seelöwen hier sind dem warmen Klima angepasst, …

7   Typisch für die Inseln sind auch die urtümlichen Meerechsen, …

8   Es gibt hier auch besondere Pinguine, die, weil es recht warm ist, …

9   Durch die Einführung fremder Tierarten und durch die Jagd in früheren Zeiten …

… das heißt, es gibt diese Tiere nur an diesem Ort auf der Welt.   **L**

… etwa 1000 km vor der Küste Südamerikas.   **G**

… 8 kleinen und etwa 40 winzigen Inselchen.   **A**

… die über 1 m lang und über 200 kg schwer werden kann.   **A**

… dünnere und kürzere Federn als ihre Artgenossen haben.   **O**

… für die der knallrote Kehlsack unter dem Schnabel zum Anlocken der Weibchen typisch ist.   **P**

… da sie nur eine dünne Speckschicht und ein Fell mit wenig Unterwolle haben.   **A**

… sind viele der außergewöhnlichen Tierarten hier vom Aussterben bedroht.   **S**

… die in ihrem Aussehen an das Saurier-Zeitalter erinnern.   **G**

1   **Notiere zu jedem Satzanfang den Buchstaben des Satzendes.
So erfährst du den Namen dieser tollen Inseln.**

G	A	L	A	P	A	G	O	S	-Inseln
1	2	3	4	5	6	7	8	9	

1   Entscheide, ob die Aussagen eine **M**einung (**M**) oder eine **T**atsache (**T**)
sind. Notiere den entsprechenden Buchstaben im Kästchen dahinter.

Eine Tatsache ist etwas, das immer gilt und bewiesen ist, z. B.: „Glasflaschen sind schwerer als Plastikflaschen."

Eine Meinung ist, wenn jemand etwas so empfindet, z. B. „Ich finde Glasflaschen schöner als Plastikflaschen."

Aussage	M/T
Bei der Müllabfuhr zu arbeiten ist sicher spannend.	M
Recycling ist das Fremdwort für Wiederverwertung.	T
Aus Müll etwas zu basteln ist toll.	M
Altpapier und Altglas werden in Containern gesammelt.	T
Umweltschutzpapier gefällt mir nicht so gut.	M
Es gibt Lebensmittel, die zwei oder mehr Verpackungsschichten haben.	T
Äpfel lose zu kaufen spart Verpackungsmaterial.	T
Für die Abholung des Hausmülls muss jeder Haushalt bezahlen.	T
Bio-Eier schmecken einfach besser.	M
In einer Müllverbrennungsanlage entstehen giftige Gase.	T
Mehrwegflaschen werden 40- bis 60-mal gereinigt und wieder aufgefüllt in den Handel zurückgebracht.	T
Müll trennen ist unnötig.	M
Auf viele Flaschen und Dosen gibt es Pfand, damit die Menschen die leeren Behältnisse in die Geschäfte zurückbringen.	T
Wieder aufladbare Batterien (Akkus) sind beim Kauf zwar teurer, aber auf Dauer billiger als der ständige Kauf neuer Batterien.	T
Es ist unmöglich, die Müllproduktion in Deutschland zu verringern.	M
Plastik verrottet kaum.	T
So ein bisschen Müll in der Landschaft schadet schon nicht.	M

Kapitän Jakobs steuerte nachdenklich das Schiff aus dem Kieler Hafen Richtung Danzig. Die Ladung, die er diesmal an Bord hatte, war besonders wertvoll. Er transportierte zehn grüne Kisten mit weißer Aufschrift, in denen sich Gewürze befanden, acht braune Kisten mit schwarzer Aufschrift, in denen sich Glasgut befand, und zwei ebenfalls braune Kisten, aber mit weißer Aufschrift, in denen Edelsteine gelagert wurden.

Diese Tatsache alleine hätte ihn noch nicht nervös gemacht. Schließlich war er es gewohnt, seine oftmals wertvollen Güter von Deutschland aus zunächst zu der polnischen Hafenstadt Danzig, dann nach Lettlands Hauptstadt Riga, schließlich nach Tallinn, der Hauptstadt Estlands, weiter nach dem russischen St. Petersburg und schließlich nach Helsinki, der Hauptstadt Finnlands, zu transportieren. Die letzte Anlaufstelle vor der Rückfahrt nach Kiel war dann immer Stockholm, die Hauptstadt Schwedens. Wenn er bis dahin alle Kisten im richtigen Hafen abgeliefert hatte, war er glücklich.

Was den Kapitän diesmal etwas beunruhigte, waren die drei neuen Matrosen an Bord. Der eine, Fred Johanson, mit seinen auffallend blauen Augen und den braungelockten Haaren, war äußerst wortkarg und förderte selten ein Lächeln zutage. Gerhard Neumann, die andere zwielichtige Gestalt mit der Narbe auf der Nase und dem blonden Lockenkopf, grinste zwar immerzu, war aber ebenfalls wenig gesprächig. Umso mehr quatschte Jens Fleischer, dessen schwarzgelockte Haarpracht bis über die Schultern reichte. Trotzdem kam er dem Kapitän verdächtig vor. Oftmals, wenn er ihn an Deck traf, erschrak Jens und reagierte verlegen, so, als habe er eben etwas angestellt.

Die Edelsteine sollten eigentlich im vorletzten Hafen, den sie vor der Rückkehr nach Kiel anliefen, das Schiff verlassen. Das Glasgut war zur Hälfte für die Hauptstadt Estlands, zur anderen Hälfte für die schöne russische Stadt bestimmt. Die grünen Kisten sollten das Schiff in Danzig und Riga verlassen.

---

① **Zeichne den Weg des Schiffes ein. Schreibe neben die jeweiligen Städte, welche Güter hier ausgeladen werden sollen.**

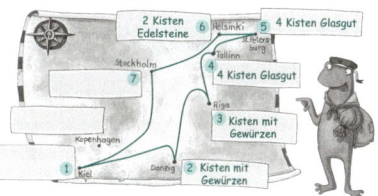

② **Lies das Ende der Geschichte und setze die Lösungen ein.**

Der neue, braungelockte Matrose mit dem Vornamen Fred lud drei braune Kisten mit schwarzer Aufschrift und eine braune Kiste mit weißer Aufschrift in Tallinn aus. An der zweiten Haltestelle, nämlich in Riga, schaffte der Matrose mit der Narbennase fünf grüne Kisten mit weißer Aufschrift und eine braune Kiste mit schwarzer Aufschrift vom Schiff. Vier braune Kisten mit schwarzer Aufschrift wurden im vierten Anlaufhafen, nämlich in St. Petersburg, durch den redseligen Matrosen Jens Fleischer von Bord gebracht. Zwei braune Kisten, einmal weiß und einmal schwarz beschriftet, verließen in Finnlands Hauptstadt Helsinki durch das tatkräftige Zutun des Mannes mit den blauen Augen, dessen Name Fred Johanson lautete, das Schiff.

Kapitän Jakobs hatte also Recht behalten: Einer der neuen Matrosen hatte eine Kiste Edelsteine in Tallinn unerlaubter Weise von Bord gehen lassen. Und der Name dieses Matrosen war Fred Johanson.

Es gibt viele verschiedene Sonnensysteme in unserem Weltall. Die meisten haben zwei Sonnen, manche auch mehr oder weniger. In einem dieser Systeme leben wir. Um unsere Sonne wandern ständig acht Planeten in kreisähnlichen Bahnen. Je nach Entfernung von der Sonne, die für die Wärme zuständig ist, herrschen verschiedene Temperaturen auf den Planeten.

Der bräunlich aussehende Merkur ist der kleinste und am nächsten zur Sonne stehende Planet. Seine Oberfläche ähnelt der des Mondes, da sie aus vielen kleinen Kratern (kreisförmigen Vertiefungen) besteht. Tagsüber kann es auf dem Merkur beispielsweise +350 °C heiß werden, nachts ist es dafür eisigkalt, zum Beispiel −170 °C.

Der größte Planet in unserem Sonnensystem ist der Jupiter, der etwa elfmal so groß wie die Erde ist. Er zieht zwischen Mars und Saturn seine Bahnen.

Die Venus hat ihre Umlaufbahn um die Sonne zwischen Merkur und Erde. Sie ist ein wenig kleiner als die Erde und ständig von Wolken umgeben.

Der dritte Planet von der Sonne aus gesehen ist die Erde. Sie erscheint im Weltall blau. Daher nennt man die Erde auch den blauen Planeten.

Von der Sonne aus gesehen ist der vierte Planet der Mars. Er hat eine rötliche Farbe, weil er zu einem großen Teil aus Eisen besteht. Die USA schickten 1997 ein kleines Roboter-Auto auf den Mars. Mit dessen Hilfe wurden Fotos gemacht, die zeigen, dass dort viele große Steinbrocken herumliegen. Auch weiß man, dass es große Vulkane auf diesem Planeten gibt.

Der Saturn ist der sechste Planet in unserem Sonnensystem. Er ist von einem Ring aus herumfliegenden Eisbrocken und Staub umgeben. Neben dem Saturn zieht zunächst der Uranus, dann der Planet Neptun seine Kreise.

Oftmals kreisen Monde um die Planeten. So gehören zum Planeten Neptun elf Monde, zum Planeten Uranus sogar 24 Monde!

---

① **Schreibe die acht Planeten geordnet nach ihrer Entfernung zur Sonne auf.**

Du kannst dich zum Beispiel im Internet unter www.blinde-kuh.de/weltall über die Planeten genauer informieren!

Sonne

1. Merkur
2. Venus
3. Erde
4. Mars
5. Jupiter
6. Saturn
7. Uranus
8. Neptun

② **Um welche Planeten handelt es sich bei diesen Bildern?**

Saturn

Mars

③ **Streiche falsche Aussagen durch.**

- Mithilfe eines Roboterautos konnten vom Mars Bilder gemacht werden.
- ~~Je näher ein Planet an der Sonne ist, desto kälter ist in der Regel seine Durchschnittstemperatur.~~
- Die Oberfläche des Merkurs ähnelt der des Mondes.
- ~~Alle Planeten haben mehrere Monde, die sie umgeben.~~
- Die Erde wird als blauer Planet bezeichnet.
- Große Temperaturunterschiede findet man auf dem Merkur.

Streiche die Buchstaben durch, ehe du sie einsetzt!

1 Was gehört zusammen?
Trage die dazugehörigen Buchstaben ein.

1 ein Hasenfuß sein	H	zu jemandem halten	**E**
2 allererste Sahne	C	schnell losrennen	**B**
3 hinter die Ohren schreiben	A	sehr gut	**C**
4 das Handtuch werfen	N	ständig Bemerkungen hinzufügen	**E**
5 ein Brett vor dem Kopf haben	T	sich wehren	**R**
6 die Beine in die Hand nehmen	B	sich über jemanden lustig machen	**G**
7 jemanden übers Ohr hauen	I	sehr feige sein	**H**
8 den richtigen Riecher haben	G	Glück haben	**R**
9 durch dick und dünn gehen	E	auf etwas Lust haben	**D**
10 Massel haben	R	aufgeben	**N**
11 mit dem kleinen Finger erledigen	E	jemanden hintergehen	**I**
12 durch den Kakao ziehen	G	nichts begreifen	**T**
13 jemanden abblitzen lassen	Ü	sich etwas gut merken	**A**
14 gut gerüstet sein	L	etwas vorausahnen	**G**
15 wie Sand am Meer	K	gut vorbereitet sein	**L**
16 die Zähne zeigen	R	im Überfluss	**K**
17 seinen Senf dazugeben	E	etwas ganz nebenbei tun	**E**
18 auf etwas Bock haben	D	jemanden zurückweisen	**Ü**

2 Entdeckst du den Lösungsspruch?

D E R   K L Ü G E R E   G I B T   N A C H !

1 **Welche Regeln haben die Kinder nicht beachtet?**
Schreibe die passenden Nummern auf.

- Bei einer Rauferei auf dem Schulhof verletzten sich drei Jungen. ____
  Einer blutete an der Lippe, einer verlor einen Zahn, einer hatte
  ein blaues Auge.

- Mona entwendete heimlich aus den Federmäppchen ihrer Mitschüler ____
  Stifte. In ihrem Schulranzen wurden sechs Stück gefunden.

- Die Toilettenschüsseln im Mädchenklo wurden mit Papierrollen ____
  zugestopft. Die Täter konnten nicht ermittelt werden.

- Benno schubste einen Klassenkameraden an der Treppe. ____
  Dieser fiel hin und brach sich den linken Arm.

- Ein Zweitklässler hatte seinen Schulranzen mitten auf dem Gang ____
  abgestellt. Ein anderes Kind stolperte darüber und fiel hin.

- Im Papierkorb fand die Putzfrau Orangenschalen, leere ____
  Tintenpatronen und Brotreste. Sie musste alles aussortieren.

- Nach den Weihnachtsferien brachte ein Kind Knallfrösche ____
  von Silvester mit in die Schule. Es zündete sie in der Aula an.
  Verletzt wurde niemand.

- Ein Mädchen aus der ersten Klasse fiel in der Pause hin. ____
  Leon ging rücksichtslos an ihr vorbei.

- Ein besonders eisiger Schneeball traf das Fenster des ____
  Hausmeisterhäuschens. Dabei ging die Scheibe zu Bruch.

- Auf dem Schulweg war Lisa in einen Hundehaufen getreten. ____
  Ohne die Schuhe vorher zu säubern, betrat sie den Klassenraum.

- Einige Kinder spielten auf dem frisch eingesäten Rasen Fußball, ____
  obwohl die Lehrer das ausdrücklich verboten hatten.

- Hanna hielt ihrer schwer bepackten Lehrerin die Tür nicht auf. ____

„Ich bin viel besser als du, weil ich schön saftig bin."

„Aber ich schmecke dafür gemixt mit Milch ganz wunderbar!"

„Was wollt denn ihr? Am besten bin doch ich. Mich braucht man nicht zuerst schälen, ehe man in mich hineinbeißen kann."

„Ihr taugt beide nichts. Ihr werdet nämlich braun, wenn ihr längere Zeit an der Luft bleibt. Ich hingegen behalte meine schöne orange Farbe."

„Dafür spritzt du immer so herum, während ich schön weich bleibe, vor allem, wenn man mich zerdrückt."

„Ich sehe am Baum wunderbar aus mit meiner roten, gelben oder grünen Farbe."

„Pah, meinst du meine leuchtende Farbe ist nicht viel schöner? Und so rund wie du bin ich schon lange."

„Rund? Wer möchte schon so kugelrund sein? Da ist meine längliche, gebogene Form doch wesentlich eleganter."

„Nun gib nicht so an, wenn du zu lange in der Sonne liegst, wirst du braun und matschig. Ich hingegen werde nur noch saftiger, wenn ich ein kleines Sonnenbad nehme."

„Von meiner Sorte gibt es in Deutschland auf jeden Fall die meisten Exemplare."

1 Um welche drei Früchte handelt es sich? Kreuze an.

☐ Weintraube ☐ Orange ☐ Zitrone
☐ Banane ☐ Kiwi ☐ Ananas
☐ Pflaume ☐ Apfel ☐ Kirsche

2 Welche Frucht spricht zuerst? _____

Unterstreiche alle Sätze orange, die diese Frucht spricht.

3 Welche Frucht spricht als Zweite? _____

Unterstreiche alle Sätze gelb, die diese Frucht spricht.

4 Welche Frucht spricht als Dritte? _____

Unterstreiche alle Sätze grün, die diese Frucht spricht.

5 Ist eine der drei Früchte die Beste?

☐ Ja, die saftigste Frucht ist am besten, weil man Saft daraus machen kann.

☐ Nein, jeder Mensch entscheidet selbst, welche Frucht er am liebsten mag.

☐ Ja, die Frucht, die in Deutschland wächst, schmeckt am besten.

6 Welche Stichworte beschreiben eine Frucht? Schreibe die Frucht dahinter. Mit welchen Stichwortreihen kannst du nichts anfangen? Streiche sie durch.

rund – rot – saftig – klein – doppelt am Baum _____

ab – und – voll – daneben – abgeschält _____

gelb – saftig – sauer – Zitrusfrucht _____

kernig – gesund – appetitlich – sehr gerne _____

absolut – zuverlässig – durchsichtig – Größe _____

viele – blau – grün – rund – mit Kern – klein – für Wein _____

Jana hatte nicht damit gerechnet, dass es
eine solche Horde war, die sich in rasantem
Tempo völlig ungeordnet auf sie zu bewegte.
Janas Finger krallten sich in die Tüte, die sie
bei sich trug. Sie wollte davon laufen, doch es
war zu spät! Nach vorne konnte sie nicht flüchten,
weil die gehörnten Monster ihr den Weg abschnitten.
Nach hinten war kein Fluchtweg offen, da die
Felswand ein Ende des Weges darstellte. Sie drückte
sich gegen den kalten Felsstein und wartete auf ihr
Schicksal. Schon waren die Ungeheuer vor ihr.
Sie konnte ihren Atem an den nackten Beinen
und Armen spüren. Sie konnte ihr borstiges Fell fühlen.
Früher hatte sie diese Tiere einmal für friedliebende
Wesen gehalten. Aber jetzt!

Nein, sie wollte ihre Tüte nicht hergeben, hielt sie tapfer in die Höhe,
umklammerte sie mit beiden Händen. Eines der Tiere biss in ihr T-Shirt.
Jana schrie auf! Aber es kam noch schlimmer: Ein Tier machte einen Satz
auf sie zu, seine Hörner verfehlten knapp ihren Oberarm und krachten gegen
die Felswand. Jana zuckte zusammen. Sie sah keinen Ausweg mehr.
Immer mehr Vierbeiner kamen ungeordnet auf sie zu und drängten sich um sie.
Und dann stemmte einer auch noch seine Hufe gegen sie. Jana kreischte laut:
„Au, hau ab, du blödes Vieh!"
Das Tier hatte jetzt fast die Tüte erreicht. Jana stellte sich auf die Zehenspitzen.
Da ließ das Monster mit dem Bart von dem Kind ab und zog sich zurück.
Doch kaum war diese Gefahr gebannt, stemmte sich ein anderes meckerndes
Vieh gegen die Felswand und versuchte so, sie zum Aufgeben zu zwingen
und die Tüte herzugeben. Jana schrie, so laut sie konnte.

Endlich eilte ihr Vater zu ihr, der sie die ganze Zeit beobachtet hatte.
Er nahm die Tüte in die eine Hand und Jana an die andere Hand, ging mutig
an den ganzen Monstern vorbei, hinaus aus dem Gehege und fragte
die weinende Jana: „Warum hast du ihnen denn nichts gegeben?"
„Ich wollte, dass sie lernen, sich ordentlich anzustellen!", schniefte Jana.

1 Sieben Textstellen geben Hinweise, um welche Tiere es sich handelt. Unterstreiche sie.

2 Um welche Tiere handelt es sich?

☐ Schafe ☐ Gänse ☐ Pferde ☐ Kühe ☐ Katzen
☐ Lamas ☐ Ziegen ☐ Tiger ☐ Hunde ☐ Zebras

3 Vergleiche mit dem Text. Unterstreiche richtige Aussagen.

- Jana war allein unterwegs und wollte im Zoo die Tiere füttern.
- Jana und ihre Familie machten einen Spaziergang in den Bergen und trafen dabei auf eine freilaufende Tierherde.
- Jana hatte Futter in einer Tüte bei sich und wollte damit die Tiere füttern.
- Die Tiere konnten nicht weiter gehen als bis zur Umzäunung.
- Janas Vater dachte zunächst, Jana würde mit den Tieren alleine fertig werden.
- Rund um Jana herum befanden sich Felsen.
- Janas Vater bemerkte erst sehr spät, dass Jana in Bedrängnis war.

4 Nummeriere der Reihenfolge nach, was die Tiere mit Jana machten.

___ Ein Tier traf mit den Hörnern fast ihren Oberarm.

___ Die Tiere nahmen Jana den Fluchtweg.

___ Ein Tier biss in ihr T-Shirt.

___ Die Tiere stemmten die Beine gegen sie.

___ Die Tiere kamen in schnellem Tempo auf Jana zu.

___ Die Tiere bliesen ihren Atem an Janas Arme und Beine.

Ein Mann und eine Frau gingen spazieren. Sie kamen an einem See vorüber. Daneben stand ein Baum, der sich im Wasser spiegelte. Dieser hatte eine Astgabelung. Im Spiegelbild des Wassers sah das Paar, dass sich auf dem Baum zwischen den Ästen ein Nest befand. Als sie aber nach oben blickten, war dort kein Nest zu sehen.

Die Frau kletterte auf den Baum, denn sie wollte wissen, ob sich darauf ein Nest befand oder nicht. Oben angekommen sah sie kein Nest, spürte aber eines zwischen den Ästen. Sie konnte mithilfe des Spiegelbildes im Wasser und aufgrund ihres Tastsinnes das unsichtbare Nest in die Hand nehmen. Als sie es in den Händen hielt, wurde sie ebenfalls unsichtbar. Der Mann konnte sie nur im Spiegelbild des Wassers sehen. Sie kletterte vom Baum herunter und ging neben dem Mann her. Nun fragte sie ihren Mann: „Kannst du mich sehen?"

Der Mann konnte mit ihr sprechen, sie aber nicht sehen, solange sie das Nest trug. Er hörte also ihre Stimme und ihre Schritte, sah sie aber nicht. Schließlich übergab die Frau das unsichtbare Vogelnest ihrem Mann. Sobald dieser es in die Hand nahm, wurde auch er unsichtbar, während die Frau wieder sichtbar wurde, da sie ja das seltsame Vogelnest an ihren Gemahl abgegeben hatte.

So gingen die beiden eine Weile nebeneinander her. Sie tauschten immer wieder das Vogelnest und wurden dabei abwechselnd unsichtbar. Schließlich wickelten beide das wundersame Nest in ein Tuch, das dadurch auch unsichtbar wurde. Dieses Tuch mit dem Nest legten sie an einen Ort in ihrer Wohnung. Zwar konnten sie das Tuch und das Nest nicht sehen, es aber jederzeit spüren. Immer wenn sie unsichtbar werden wollten, nahmen sie das Nest in ihre Hand.

(nach Jakob und Wilhelm Grimm)

Achtung, manche Aussagen gehören zum Märchen, manche zur Fabel.

① **Dies ist eine Sage. Unterstreiche alle Aussagen, die auf diese Sage zutreffen.**

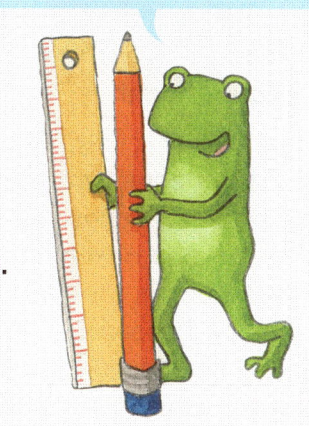

- In der Sage wird Unmögliches wahr.
- Alle Tiere und Dinge können in der Sage sprechen.
- Oft erzählen Sagen von wundersamen Dingen.
- Jede Sage hat eine Lehre.
- Jede Sage beginnt mit „Es war einmal“.
- Meist sind Tiere die Hauptdarsteller in einer Sage.

2 Welche Zeichnungen passen zur Geschichte. Kreise sie ein.

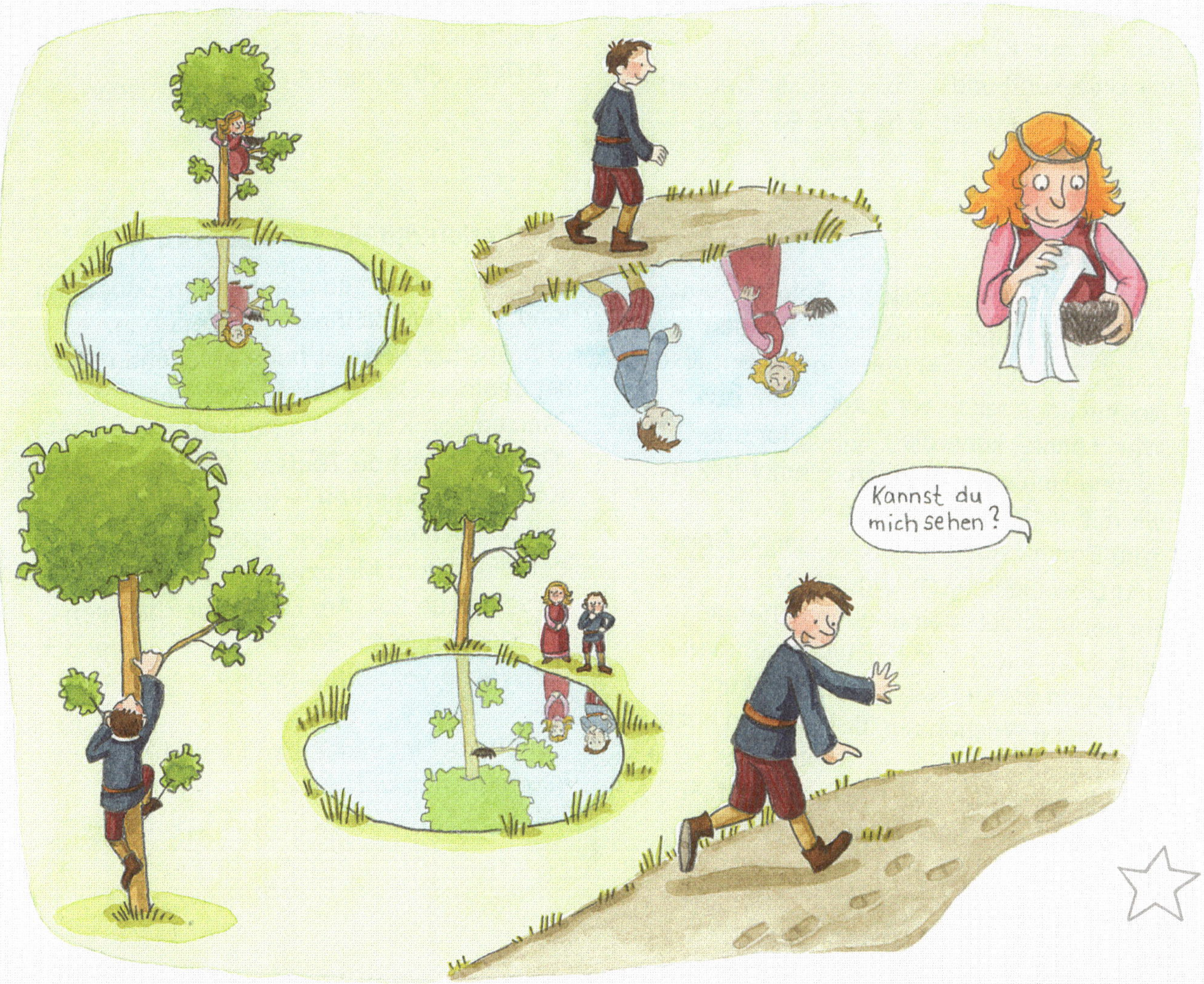
Kannst du mich sehen?

A Zauberferien

Magst du Harry Potter? Werde Zauberschüler!
Ein Zauberlehrer wird euch eine Woche
unterrichten. Abends gibt es am Lagerfeuer
Zauberer- und Hexengeschichten.
Einmal machen wir eine Nachtwanderung
durch den Zauberwald. Wir basteln Kostüme
und Zauberzubehör selbst. In der Hexenküche
bereiten wir unsere Mahlzeiten gemeinsam zu
und mixen Zaubertränke.
Es bleibt auch noch genug Zeit zum Faulenzen
am Muggelsee.
Als Zauberlehrling wohnst du in 4-Mann-Zelten.
Duschen und WCs sind im Haupthaus,
das einen Speisesaal hat.
Bitte Schlafsack und 10 € Materialgeld
mitbringen!
Eine Woche Kurs vom 13.8. bis 19.8.
mit Unterkunft und Verpflegung kostet 140 €.
Infos unter: 0 87 77 / 8 93 86 52

B Fußballferien

- Fußballcamp Hohenbrunn
- jede Woche von Anfang August bis 16.9.
- Anmeldung unter Tel.: 0 86 45 / 85 64

Anfänger oder Profi, hier kommst du
garantiert auf deine Kosten. An fünf Tagen
gibt es jeweils zwei Trainingseinheiten von
je drei Stunden. Wir trainieren in kleinen
Gruppen Technik und Spiel. Am Samstag
gibt es ein Abschlussturnier, am Sonntag
können deine Eltern, wenn sie dich
abholen, eure Künste bei einer Vorführung
bewundern. Weitere Freizeitaktivitäten:
Schwimmen, Tischtennis, Mountainbike.
Unsere Herberge hat 2-Bett-Zimmer.
Morgens und abends gibt es ein Buffet
und mittags warmes Essen.
Kosten: 120 € und 15 € für Bettwäsche

C Reiterferien

Unser Hof hat ausgebildete Betreuer und
zwölf Pferde unterschiedlicher Rassen.
Jeden Tag sind zwei Reitstunden eingeplant.
Nachmittags reiten wir gemeinsam aus.
Wer möchte, kann die Prüfung für das
„Kleine Hufeisen" ablegen. Einmal fahren
wir mit der Kutsche an den Troiensee
zum Baden. Abends gibt es lustige Spiele
und Geschichten am Lagerfeuer.
Ihr übernachtet in einer alten Scheune.
Bitte Schlafsack und Kissen mitnehmen!
Aufgrund der Gemeinschaftsunterkunft
sind diese Wochen nur für Mädchen buchbar.
- 20.8.–26.8., 27.8.–2.9. oder 3.9.–9.9.
- Kosten Vollpension/Reitunterricht: 180 €.
- Reitprüfung: 60 € extra

Buchen bei Pferdetours
unter Tel.: 08 52 / 94 56 78

D Ferien auf dem Kratzer-Hof

Wir wollen Abenteuer auf einem Bauernhof
und in wunderschöner Natur erleben.
Ein Ausflug zu einer nahe gelegenen Mühle
ist geplant. Gemeinsam lernen wir das
Melken von Kühen. Im Bauernhofmuseum
Kalling kannst du Töpfern, Spinnen, Weben,
Korbflechten und mehr ausprobieren.
Bei schlechtem Wetter basteln wir
gemeinsam im Mehrzweckraum und lesen
Geschichten vor. Am Lagerfeuer bereiten
wir Stockbrote zu. Eine Hof-Rallye beendet
die Woche vom 5.8.–12.8.

Ruf uns bei Interesse und für mehr
Informationen an:
Tel: 0 80 55 / 23 40

! Beantworte die Fragen. Oft reicht es, wenn du den Buchstaben der jeweiligen Anzeige notierst (A, B, C, D).

1 Was kosten die Reiterferien mit Prüfung? _____

2 Wo können die Eltern am letzten Tag zusehen? ____

3 Welche beiden Programme haben viel mit Sport zu tun? ____ ____

4 Was kann man unter der Telefonnummer 0 86 45/85 64 buchen? ____

5 Anna möchte im September verreisen.
Welche Angebote kommen in Frage? ____ ____

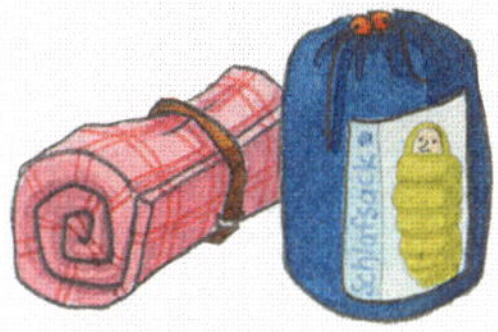

6 Wo wird gemeinsam gekocht? ____

7 Wie heißt die Reitprüfung? _____

8 Bei welchen Ferien muss man Materialgeld mitbringen? ____

9 Wo muss man einen Schlafsack mitbringen? ____ ____

10 Oliver möchte ein Ferienprogramm buchen.

a) Welches Angebot kann er nicht wahrnehmen? ____

b) Warum? _____

_____

Skateboarding

Skateboarding nennt man das Fahren auf einem Brett
mit vier Rollen. Solche Rollbretter sieht man am häufigsten
in Skateboardanlagen mit einer Halfpipe und einer Miniramp.
Auf der Straße nutzen Streetskater aber auch gerne Stufen,
Schrägen und Geländer als Gelegenheit um Hindernisse
durch akrobatische Sprünge zu überwinden.

Snowboarding

Das Snowboard ist ein Brett von etwa 1,5 m Länge.
Auf der Oberseite sind zwei Bindungen montiert, in die
nur Spezialschuhe passen. Der Fahrer steht seitlich
zur Fahrtrichtung auf dem Brett und saust damit im Winter
die Pisten hinunter. Seit 1998 ist Snowboarden eine
olympische Disziplin. Das Fahren auf Sand statt auf Schnee
wird als Sandboarding bezeichnet.

Slacklining (neue Trendsportart)

„Slack" ist englisch und bedeutet locker, „line" heißt Band.
Slackliner üben meist in Parks. Sie laufen über einen
elastischen Nylonriemen, der in Kniehöhe zwischen
zwei Bäume gehängt wird. Um die Balance zu halten,
müssen sie sich den Schwingungen des Gurtes anpassen.
Profis springen auf dem Band einen Salto oder balancieren
über Schluchten.

Poweriser (neue Trendsportart)

Die Poweriser-Sprungstelzen bezeichnet man auch als
ultimative „Sieben Meilenstiefel". Es handelt sich hier um
eine Stelzenkonstruktion mit vorgespannter Fiberglasfeder
und Kniebügel. Der Poweriser ermöglicht Sprünge bis zu
2 m Höhe und 5 m Weite. So können beim Joggen
Geschwindigkeiten bis zu 40 km/h erreicht werden.

1 **Die Kinder unterhalten sich über Funsportarten.**
Ordne die Aussagen der Kinder durch Ankreuzen richtig zu.

Poweriser ist eine neuartige Stelzenkonstruktion.

Hanna

Frei übersetzt heißt „Slacklining" gespanntes Seil.

Felix

In eine Snowboardbindung passen nur Spezialschuhe.

Elias

Für ein gutes Skateboard muss man mindestens 250 € ausgeben.

Lena

Mit diesen neuen Sprungstelzen könnte ich bis zu 5 Metern hoch springen.

Sofia

Für Streetskater sind Stufen ideale Hindernisse.

Erkan

Für Jung und Alt ist das Laufen auf Sprungstelzen leicht zu erlernen.

Alex

Snowboarden ist keine olympische Disziplin.

Klara

Namen	richtig	falsch	kommt im Text nicht vor
Hanna			
Elias			
Sofia			
Alex			
Felix			
Lena			
Erkan			
Klara			

Kennst du diese Redewendungen?

❶ Das ist doch eh für die Katz!

❷ Wie eine Katze um den heißen Brei herumschleichen.

❸ Die Katze aus dem Sack lassen.

❹ Ist die Katze aus dem Haus, tanzen die Mäuse auf dem Tisch.

❺ Die Katze im Sack kaufen.

❻ Die Katze lässt das Mausen nicht.

① **Welche Redewendung passt zu welcher Erklärung und zu welcher Beispiel-Geschichte? Ordne die Nummern richtig zu.**

Erklärungen

◯ Um etwas herumreden, nicht zum Wesentlichen der Sache kommen.

◯ Etwas ist zwecklos, vergeblich.

◯ Wenn jemand eine schlechte Eigenart oder Angewohnheit auslebt und dieses Verhalten nicht unterdrücken kann.

◯ Endlich mit der Sprache herausrücken, etwas endlich erzählen.

◯ Etwas Verbotenes tun, wenn keine Person da ist, vor der man Respekt oder Angst hat.

◯ Etwas unbesehen und ohne genaue Kenntnisse erwerben oder annehmen.

44

Beispiel-Geschichten

Mama hat gerade im Flur gesaugt und gewischt. Da stapft Theo mit seiner halben Fußballertruppe herein. Der Boden ist wieder total dreckig. Mama verdreht die Augen und stöhnt: „Jetzt habe ich völlig umsonst geputzt! Hier schaut es aus, als wäre eine Horde Dreckspatzen durchgelaufen!"

Esma wacht an ihrem Geburtstag auf. Sie stürmt nach unten und ruft: „Jetzt verratet mir endlich, was ich bekomme! Ihr habt so ein Geheimnis daraus gemacht! Jetzt will ich wissen, was es ist!" Mutter klärt sie auf: „Papa baut den Speicher aus. Du bekommst endlich ein eigenes Zimmer!"

Luis kommt aus der Schule. Papa kocht gerade Mittagessen. Luis beginnt zu stottern: „Du, äh, Papa, … auf dem Heimweg haben wir mit dem Fußball herumgekickt. Und also wirklich, es war gar keine Absicht … Und der Paul, der war eigentlich Schuld …" Papa meint: „Jetzt sag halt schon, was passiert ist!"

Die Lehrerin Frau Mahler muss wegen einer Durchsage kurz das Klassenzimmer verlassen und ein Telefonat im Büro annehmen. In der Zwischenzeit fangen Lisa und Marcel an, herumzuschreien und mit Papierkügelchen auf ihre Mitschüler zu schießen.

Klaus sieht im Prospekt ein Sonderangebot: ein Schlagzeug für nur 199 €! In der Beschreibung steht nicht viel drin und eine Abbildung gibt es auch nicht. Trotzdem bestellt Klaus das Instrument, weil es so billig ist und er nicht so viel von seinem Taschengeld ausgeben will.

Tina und Niko wissen, dass sie vor dem Mittagessen keine Süßigkeiten essen dürfen. Trotzdem schleichen sie in die Speisekammer und stibitzen – nicht zum ersten Mal – eine Tafel Schokolade, welche sie schnell und heimlich verdrücken.

1. Ein Tier, das fliegen kann und Eier legt.

2. Ein anderes Wort für Papa.

3. Ein anderes Wort für Zoo.

4. Wenn sich etwas nicht unterscheidet, ist es …

5. Zwei Menschen, die verheiratet sind, führen eine …

6. Ein anderes Wort für Großmutter.

7. Südfrucht, die innen gelb und außen braun ist.

8. Die Hälfte von Acht.

9. Kleines Tier mit sehr vielen Stacheln, das in Deutschland lebt.

10. Lastentier, das einem Pferd sehr ähnlich sieht.

11. Große Tiere mit langen Rüsseln und Stoßzähnen aus Elfenbein.

12. Märchengestalt, meist klein und oft mit Flügelchen.

13. Schweres Tier mit einem großen Horn auf dem Kopf.

14. Sie leuchten in der Nacht am Himmel.

15. Tier mit Euter, das Milch gibt.

16. Ein anderes Wort für die Farbe Violett.

17. Kahler Kopf ohne Haare.

18. Raubtier mit schwarzen Streifen.

19. Ein anderes Wort für Violine.

20. Es wächst auf der Wiese. Getrocknet heißt es Heu.

21. Viele winzig kleine Steine, oft kommen sie am Strand vor.

22. Den Weltraum bezeichnet man oft so.

23. Das unterste Geschoss eines Hauses, meist ist es unter der Erde.

24. Ein Wassertier, das fliegen und schwimmen kann.

25. Eine sehr große Ortschaft.

26. Ein Pfad oder eine Straße durch ein Gebiet mit vielen Bäumen.

27. Darin liegen Babys.

Tipp: Bei einem Kreuzworträtsel verwendet man Großbuchstaben.

Kaulquappen im Klassenzimmer

❶ Eines Morgens brachte Frau Schmidt ein leeres Aquarium mit in ihre Klasse.
Im Sitzkreis überlegten die 23 Kinder gemeinsam, was man damit anfangen könnte.
Eric und Lukas wollten darin Schlangen züchten, Emily und Sandra dachten
an Goldfische. Schließlich hatte Mario eine Idee: „Im Aubach sind viele Kaulquappen.
Im Aquarium könnten wir beobachten, wie sie sich zu Fröschen entwickeln."
Alle waren begeistert. „Prima", meinte Frau Schmidt, „Wir müssen diese Tierchen
aber bald wieder in den Bach zurückbringen, weil sie sich dort wohler fühlen."

❷ Nun wurden die Aufgaben verteilt: Lena, Elias und Hanna wollten sich um
die Innenausstattung des Aquariums kümmern. Mario, Max und Tobias sollten
die Kaulquappen einfangen. Vier weitere Kinder entschieden sich, im Internet
Informationen zu sammeln. Eric, Petra und Luis schlugen vor, in der Zoohandlung
nach Tipps für die artgerechte Haltung zu fragen. Drei andere Kinder wollten
Wasserpflanzen besorgen. Tim, Lukas und Ali versprachen, eine Wasserpumpe
mitzubringen, die bei Tims Eltern im Keller lag. Die restlichen Kinder planten,
sich zu treffen, um einen Hintergrund für das Aquarium zu malen.

❸ Am nächsten Tag waren alle eifrig bei der Sache. Der Tierhandlungsbesitzer
hatte den Kindern Aquariensand geschenkt, den sie gleich einfüllten.
So wie er es erklärt hatte, bauten sie aus Steinen Nischen als Verstecke
für die Tierchen. Auch trockene Plätze zum Ausruhen gab es. Emily, Charlotte
und Felix pflanzten ihre mitgebrachten Wasserpflanzen ein.
Schließlich wurde das Becken mit Aubachwasser aufgefüllt und die Pumpe
eingebaut. Das Aquarium wurde vor das Plakat gerückt und die Kinder setzten sich
davor. Behutsam ließen nun die drei Jungen ihre Kaulquappen ins Wasser gleiten.
Nils, Sandra, Anna und Laura lasen vor, was sie im Internet gefunden hatten:

❹ Im Mai legen die Froschweibchen sehr viele Eier ins Wasser.
Die Eier werden von einer durchsichtigen Hülle geschützt.
Nach ungefähr vier Wochen schlüpfen winzige Kaulquappen.
Sie schwimmen mit einem Ruderschwanz.
Durch die Kiemen nehmen sie Sauerstoff aus dem Wasser auf.
Sie ernähren sich vorwiegend von Algen und Plankton.
Nach einiger Zeit wachsen ihnen zuerst die Hinterbeine
und später die Vorderbeine.
Die kleinen Frösche können erst nach drei Monaten
durch die Lunge atmen.

Froschlaich zu sammeln ist verboten. Kaulquappen dürfen nur kurzzeitig gehalten werden.

48

① Unterstreiche alle Dinge, die in das Aquarium hineinkommen.

Wasserpflanzen   Steine   Frösche   Futternapf   Aquariensand   Fische

Wasserpumpe   Meerwasser   Kaulquappen   Aubachwasser   Plastikeimer

② Was wird in den einzelnen Absätzen beschrieben? Verbinde.

Absatz 1	Verteilung der Aufgaben
Absatz 2	Überlegungen zu einem leeren Aquarium
Absatz 3	Vorlesen von Informationen
Absatz 4	Das Einrichten eines Aquariums

③ Die Aufgaben wurden an die Kinder gerecht verteilt.

Wie viele Kinder malten das Plakat? _____

④ Nummeriere die Entwicklung eines Frosches der Reihe nach.

Speiseplan vom 28.09.–2.10.

Tage	Menü A	Menü B
Mo 28.09.	Lasagne mit Salat Obst	Brokkoliauflauf mit Käse überbacken und Salat Obst
Di 29.09.	Putenrahmgulasch mit Butterreis und Salat Obstquark	Kartoffelpuffer mit Apfelmus Obstquark
Mi 30.09.	Schinkennudeln mit gemischtem Salat Eis	Käsespätzle mit gemischtem Salat Eis
Do 1.10.	Rinderrouladen mit Salzkartoffeln und Gemüse Schokoladenpudding	Pfannkuchen mit Apfel-Kirsch-füllung und Vanillesoße Schokoladenpudding
Fr 2.10.	Fischstäbchen mit Kartoffeln und Gurkensalat Obstsalat	Spinat mit Spiegelei und Bratkartoffeln Obstsalat

!! Achtung !!
Essensmarken werden ab sofort nur noch in 5er-Päckchen zu 15 € verkauft.

Tischzeiten: Mo–Do 12.00–13.30 Uhr
Fr 11.30–13.30 Uhr

Mir sind Fliegen lieber!

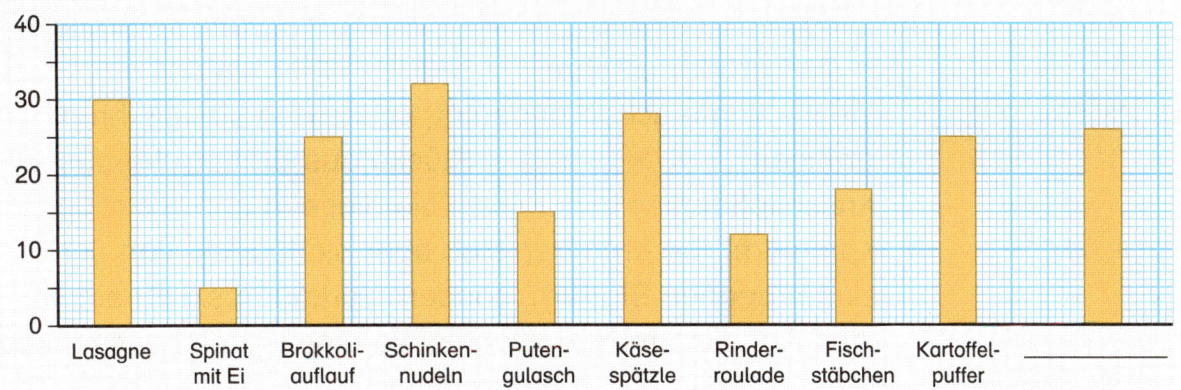

40										
30										
20										
10										
0	Lasagne	Spinat mit Ei	Brokkoli-auflauf	Schinken-nudeln	Puten-gulasch	Käse-spätzle	Rinder-roulade	Fisch-stäbchen	Kartoffel-puffer	_____ _____

1 Ergänze im Diagramm das fehlende Gericht.

2 Wie viele Kinder essen ein Gericht von Menü A? _____

3 Wie viele Kinder essen ein Gericht von Menü B ? _____

4 Welches Gericht wurde am häufigsten gewählt?

_____

5 Welches Gericht wurde am seltensten gewählt?

_____

6 An welchen Tagen gibt es Gerichte mit Kartoffeln?

_____   _____   _____

7 Wie viele Stunden pro Woche ist der Speiseraum geöffnet?

_____

8 Aus der Klasse 4b essen in dieser Woche täglich 15 Kinder in der Schule. Welcher Betrag muss dafür insgesamt bezahlt werden?

_____

51

In Südamerika sind Blattschneiderameisen weit verbreitet.
Sie sind größer als ihre Artgenossen hier bei uns.
Wie ihr Name schon andeutet, schneiden sie mit ihren
kräftigen Beißwerkzeugen Stücke aus Blättern heraus.
Anschließend transportieren sie diese in unterirdische
Kammern. Sie ernähren sich aber nicht direkt von den
eingetragenen Blättern, sondern zerkauen sie zu einem
Brei. Auf diesem Brei züchten sie einen ganz bestimmten
Pilz, der ihnen als Nahrung dient.
Die Partnerschaft zwischen Ameise und Pilz ist so eng,
dass beide nicht ohne einander leben können.

Die Blattschneiderameisen leben in riesigen Kolonien
mit bis zu drei Millionen Tieren. In so einem Ameisenstaat
sind die Aufgaben streng verteilt.
Die größte Ameise ist die **Königin**. Sie kommt nie
ans Tageslicht. Als einzige legt sie die Eier, aus denen
die Larven schlüpfen, und sorgt so für Nachkommen.
Die Maxima-Arbeiterin zerschneidet mit ihren kräftigen
Beißwerkzeugen Blätter und befördert die Blattteile
anschließend zum Bau. Dabei trägt sie die Stücke wie ein
aufgespanntes Segel über ihrem Kopf. Man nennt sie deshalb
auch „Sonnenschirm-Ameise".

Am Ameisennest wird die Ladung von den zuständigen,
etwas kleineren Media-Arbeiterinnen übernommen.
Sie schleppen die Blattstückchen nach unten in den Bau
und geben sie an die Minima-Arbeiterinnen, die kleinsten
des Staates, weiter. Diese zerkauen die Teile zu einem Brei.
Der Brei dient als Nährboden, auf dem diese speziellen
Pilze heranwachsen, die die Ameisen selbst fressen und auch
an ihre Larven verfüttern.
Um den Ameisenbau gegen Eindringlinge zu verteidigen, stehen
einige besonders große Ameisen bereit: Die **Soldaten**.
An ihrem Kopf befinden sich beachtliche Beißzangen.

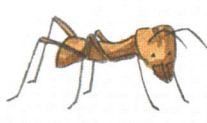

Wenn du dir nicht sicher bist, dann lies im Text noch mal genau nach.

1 **Streiche falsche Aussagen durch.**

- Die Blattschneiderameise ist in Europa weit verbreitet.

- Sie ist größer als ihre Artgenossen bei uns.

- Mit ihren kräftigen Vorderbeinen schneidet sie Stücke aus den Blättern.

- Jungtiere sammeln die Blattstücke ein.

- Zwischen Pilz und Ameise besteht eine Partnerschaft.

- Die Königin verlässt ihr Nest zum Eierlegen.

- Die Aufgaben in einem Ameisenstaat sind gut verteilt.

- Blattteile werden von den Ameisen wie Segel über dem Kopf getragen.

- Die Königin nennt man auch „Sonnenschirm-Ameise".

- Die Maxima-Arbeiterin zerschneidet die Blätter.

- Am Ameisennest übernehmen größere Media-Arbeiterinnen die Blattstücke.

- Media-Arbeiterinnen transportieren die Laubteile zum unterirdischen Nestbau.

- Die Blattschneiderameise ernährt sich von Blättern.

- Die kleinsten Ameisen sind die Minima-ArbeiterInnen.

- Minima-Arbeiterinnen verschlucken Teile vom Brei.

- Bis zu drei Millionen Ameisen leben in einer Kolonie zusammen.

- Ameisen verfüttern Larven an die Pilzstückchen.

- Soldaten haben an ihren Beinen besonders große Zangen.

- Auf den zerkauten Blattstücken wachsen Pilze.

- Ohne die Ameisen könnten die Pilze nicht leben.

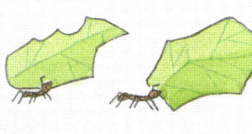

Fred Finster, Karl Knast und Lilo Langfinger trafen sich im Café
am Eck. Sie führten nichts Gutes im Schilde.
„Abam Mobontabag frübüh gebeht ebes lobos", sagte Fred Finster.
Er ließ seinen Blick durch das Café schweifen, um sicher zu gehen,
dass ihnen niemand zuhörte. Aber selbst wenn, war es kein Problem.
Denn kaum jemand verstand ihre Geheimsprache. Sie beherrschten
diese perfekt und sprachen sie sehr schnell.

„Um wlch Uhrzit solln wir uns trffn?", fragte Lilo Langfinger.
Ihre Geheimsprache war am schwierigsten auszusprechen,
aber sie konnte das trotz ihrer piepsigen, hohen Stimme sehr gut.
„Ächt Ähr, wärdä äch sägän", schlug Karl Knast vor.
„Aballebes klabar!"
„Abr wir tun dn Bankangstlltn nichts!"
„Nän, wär ärschräckän sä när, sädäss sä äns däs Gäld gäbän."
„Ubund dabann haubaueben wibir gabanz schnebell abab!"
Die drei lachten nun so laut, dass ein paar Gäste des Cafés
sie fragend anschauten.
Im nächsten Augenblick stand ein großer, dünner Mann vom Nebentisch auf,
ging auf sie zu und sprach mit tiefer Stimme: „Uch bun un Puluzust.
Hub uch uch undluch urwuscht, wus! Us urum Plun wurd ludur nuchts.
Uch muss uch sufurt vurhuften."
Die drei Banditen sahen sich fragend an. Was sprach dieser Mann nur
für eine seltsame Sprache. Und was wollte er von ihnen?

1 **Was haben die drei Banditen vor?**

☐ Sie wollen ein Bild stehlen.　　☐ Sie wollen eine Bank ausrauben.

☐ Sie wollen ein Auto knacken.　　☐ Sie haben nichts Besonderes vor.

2 **Was will der Mann vom Nebentisch von den Banditen?**

☐ Er ist auch ein Bandit und will ihnen helfen.

☐ Er ist ein Ausländer und will sie fragen, welche Sprache sie sprechen.

☐ Er ist ein Polizist und will sie verhaften.

3 **Übersetze, was der Mann vom Nebentisch sagt.**

_____

_____

_____

4 **Wer spricht welche Geheimsprache? Schreibe den Namen dazu.**

_____ : Nach jedem Selbstlaut wird ein b eingefügt
und der Selbstlaut wiederholt.

_____ : Alle Selbstlaute, Umlaute und Doppellaute
werden als Ä/ä gesprochen.

_____ : Alle Selbstlaute, Umlaute und Doppellaute
werden als U/u gesprochen.

_____ : Das E/e wird nicht gesprochen.

5 **Wer sagt jeweils diesen Satz?**

_____ : „Aballebes klabar!"

_____ : „Abr wir tun dn Bankangstllltn nichts!"

_____ : „Nän, wär ärschräckän sä när, sädäss sä
äns däs Gäld gäbän."

Tim möchte Mama mit Blaubeerpfannkuchen überraschen.
Im Internet findet er auf einer Kinder-Koch-Seite folgenden Rezeptvorschlag:

Zutaten:

- 250 g Mehl
- $\frac{1}{2}$ l Buttermilch
- einen Esslöffel Zucker
- drei Eier
- 75 g Butter
- einen Teelöffel Backpulver

- 125 g Blaubeeren
- 250 g Sahnequark
- zwei Päckchen Vanillezucker
- etwas Butter zum Ausbacken
- Zucker und Zimt zum Bestreuen

Mische zuerst Mehl, Zucker und das Backpulver in einer Schüssel.
Trenne die Eier in Eigelb und Eiweiß. Gib das Eigelb und die Buttermilch
zu den anderen Zutaten in die Schüssel.
Schmelze 75 g Butter in einem kleinen Topf und gib sie ebenfalls dazu.
Verrühre alles miteinander.
Schlage nun das Eiweiß mit dem Mixer steif. Hebe das geschlagene
Eiweiß vorsichtig unter den Teig.

Wasche die Blaubeeren und trockne sie vorsichtig mit Küchenkrepp ab.
Mische die Früchte nun unter den flüssigen Teig.
Erhitze in einer beschichteten Pfanne etwas Butter. Mach die Pfanne
aber nicht zu heiß, sonst verbrennt dir die Butter.
Setze mit einem Esslöffel kleine Teighäufchen in die Pfanne.
Backe die Pfannkuchen etwa drei Minuten von der einen Seite.
Wende sie nun vorsichtig und gare sie von der anderen Seite noch
zwei Minuten fertig.

Verrühre den Quark mit dem Vanillezucker. Füge noch etwas Zucker
hinzu, wenn die Creme nicht süß genug ist.
Lege die Pfannkuchen auf einen Teller, gib auf jeden etwas
Vanillequark und bestreue alles mit Zimt und Zucker.

1 **Tim hat sich die wichtigsten Schritte stichpunktartig notiert.
Leider sind sie ihm etwas durcheinander geraten.
Nummeriere in der richtigen Reihenfolge.**

_____ Blaubeeren waschen und trocken tupfen

_____ Eiweiß unterheben

_____ Mehl, Zucker und Backpulver mischen

_____ Eier trennen

_____ Zutaten bereitstellen und abwiegen

_____ Teighäufchen in die Pfanne geben

_____ Blaubeeren in den Teig geben

_____ Butter für den Teig schmelzen und beifügen

_____ Eigelb und Buttermilch hinzugeben

_____ Schüsselinhalt verrühren

_____ Eiweiß steif schlagen

_____ Quark mit Vanillezucker verrühren und süßen

_____ 2 Minuten auf der anderen Seite backen

_____ 3 Minuten backen

_____ Pfannkuchen wenden

_____ auf einem Teller schön anrichten

_____ Butter in der Pfanne vorsichtig erhitzen

Arbeite mit Bleistift!
Dann kannst du Fehler
ausradieren.

1 Diese Inseln liegen im Pazifischen Ozean, …

2 Sie gehören zum Land Ecuador und bestehen aus 13 großen, …

3 Es leben viele „endemische" Tierarten dort, …

4 Das bekannteste Tier der Inseln ist die Riesenschildkröte, …

5 Auch Fregattvögel mit über 1 m Größe gibt es hier, …

6 Die Seelöwen hier sind dem warmen Klima angepasst, …

7 Typisch für die Inseln sind auch die urtümlichen Meerechsen, …

8 Es gibt hier auch besondere Pinguine, die, weil es recht warm ist, …

9 Durch die Einführung fremder Tierarten und durch die Jagd in früheren Zeiten …

L …das heißt, es gibt diese Tiere nur an diesem Ort auf der Welt.

G …etwa 1000 km vor der Küste Südamerikas.

A …8 kleinen und etwa 40 winzigen Inselchen.

A …die über 1 m lang und über 200 kg schwer werden kann.

O …dünnere und kürzere Federn als ihre Artgenossen haben.

P …für die der knallrote Kehlsack unter dem Schnabel zum Anlocken der Weibchen typisch ist.

A …da sie nur eine dünne Speckschicht und ein Fell mit wenig Unterwolle haben.

S …sind viele der außergewöhnlichen Tierarten hier vom Aussterben bedroht.

G …die in ihrem Aussehen an das Saurier-Zeitalter erinnern.

① **Notiere zu jedem Satzanfang den Buchstaben des Satzendes. So erfährst du den Namen dieser tollen Inseln.**

__ __ __ __ __ __ __ __ __ -Inseln

1   2   3   4   5   6   7   8   9

1 Entscheide, ob die Aussagen eine **M**einung (**M**) oder eine **T**atsache (**T**)
sind. Notiere den entsprechenden Buchstaben im Kästchen dahinter.

Eine **Tatsache** ist etwas, das immer gilt und bewiesen ist, z. B.: „Glasflaschen sind schwerer als Plastikflaschen."

Eine **Meinung** ist, wenn jemand etwas so empfindet, z. B. „Ich finde Glasflaschen schöner als Plastikflaschen."

Bei der Müllabfuhr zu arbeiten ist sicher spannend.	
Recycling ist das Fremdwort für Wiederverwertung.	
Aus Müll etwas zu basteln ist toll.	
Altpapier und Altglas werden in Containern gesammelt.	
Umweltschutzpapier gefällt mir nicht so gut.	
Es gibt Lebensmittel, die zwei oder mehr Verpackungsschichten haben.	
Äpfel lose zu kaufen spart Verpackungsmaterial.	
Für die Abholung des Hausmülls muss jeder Haushalt bezahlen.	
Bio-Eier schmecken einfach besser.	
In einer Müllverbrennungsanlage entstehen giftige Gase.	
Mehrwegflaschen werden 40- bis 60-mal gereinigt und wieder aufgefüllt in den Handel zurückgebracht.	
Müll trennen ist unnötig.	
Auf viele Flaschen und Dosen gibt es Pfand, damit die Menschen die leeren Behältnisse in die Geschäfte zurückbringen.	
Wieder aufladbare Batterien (Akkus) sind beim Kauf zwar teurer, aber auf Dauer billiger als der ständige Kauf neuer Batterien.	
Es ist unmöglich, die Müllproduktion in Deutschland zu verringern.	
Plastik verrottet kaum.	
So ein bisschen Müll in der Landschaft schadet schon nicht.	

Kapitän Jakobs steuerte nachdenklich das Schiff
aus dem Kieler Hafen Richtung Danzig. Die Ladung,
die er diesmal an Bord hatte, war besonders wertvoll.
Er transportierte zehn grüne Kisten mit weißer Aufschrift,
in denen sich Gewürze befanden, acht braune Kisten
mit schwarzer Aufschrift, in denen sich Glasgut befand,
und zwei ebenfalls braune Kisten, aber mit weißer
Aufschrift, in denen Edelsteine gelagert wurden.

Diese Tatsache alleine hätte ihn noch nicht nervös gemacht. Schließlich
war er es gewohnt, seine oftmals wertvollen Güter von Deutschland aus
zunächst zu der polnischen Hafenstadt, dann nach Lettlands Hauptstadt Riga,
schließlich nach Tallinn, der Hauptstadt Estlands, weiter nach dem russischen
St. Petersburg und schließlich nach Helsinki, der Hauptstadt Finnlands,
zu transportieren. Die letzte Anlaufstelle vor der Rückfahrt nach Kiel war dann
immer Stockholm, die Hauptstadt Schwedens. Wenn er bis dahin alle Kisten
im richtigen Hafen abgeliefert hatte, war er glücklich.

Was den Kapitän diesmal etwas beunruhigte,
waren die drei neuen Matrosen an Bord. Der eine,
Fred Johanson, mit seinen auffallend blauen Augen
und den braungelockten Haaren, war äußerst
wortkarg und förderte selten ein Lächeln zutage.
Gerhard Neumann, die andere zwielichtige Gestalt
mit der Narbe auf der Nase und dem blonden
Lockenkopf, grinste zwar immerzu, war aber
ebenfalls wenig gesprächig. Umso mehr quatschte
Jens Fleischer, dessen schwarzgelockte Haarpracht
bis über die Schultern reichte. Trotzdem kam er
dem Kapitän verdächtig vor. Oftmals, wenn er ihn
an Deck traf, erschrak Jens und reagierte verlegen,
so, als habe er eben etwas angestellt.

Die Edelsteine sollten eigentlich im vorletzten Hafen, den sie vor der Rückkehr
nach Kiel anliefen, das Schiff verlassen. Das Glasgut war zur Hälfte für
die Hauptstadt Estlands, zur anderen Hälfte für die schöne russische Stadt
bestimmt. Die grünen Kisten sollten das Schiff in Danzig und Riga verlassen.

1. **Zeichne den Weg des Schiffes ein. Schreibe neben die jeweiligen Städte, welche Güter hier ausgeladen werden sollen.**

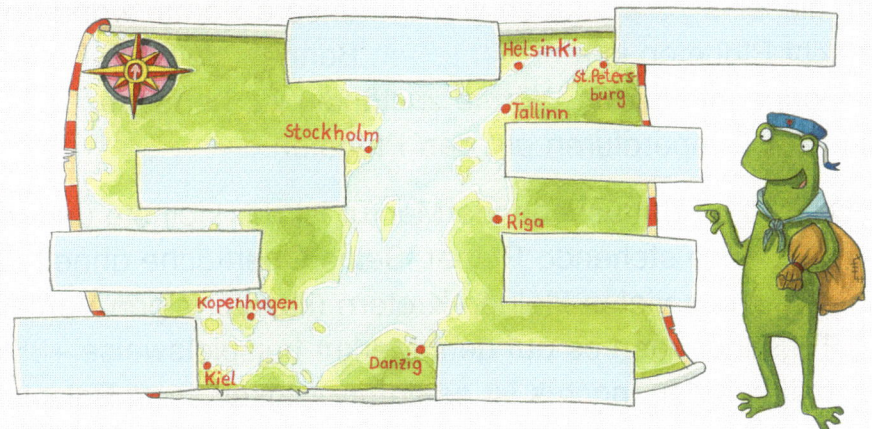

2. **Lies das Ende der Geschichte und setze die Lösungen ein.**

Der neue, braungelockte Matrose mit dem Vornamen _____

lud drei braune Kisten mit schwarzer Aufschrift und eine braune Kiste

mit weißer Aufschrift in Tallinn aus. An der zweiten Haltestelle, nämlich

in _____, schaffte der Matrose mit der Narbennase fünf

grüne Kisten mit weißer Aufschrift und eine braune Kiste mit schwarzer

Aufschrift vom Schiff. Vier braune Kisten mit schwarzer Aufschrift

wurden im vierten Anlaufhafen, nämlich in _____,

durch den redseligen Matrosen _____ von

Bord gebracht. Zwei braune Kisten, einmal weiß und einmal schwarz

beschriftet, verließen in Finnlands Hauptstadt _____ durch

das tatkräftige Zutun des Mannes mit den blauen Augen, dessen Name

_____ lautete, das Schiff.

Kapitän _____ hatte also Recht behalten: Einer der neuen

Matrosen hatte eine Kiste Edelsteine in _____ unerlaubter

Weise von Bord gehen lassen. Und der Name dieses Matrosen war

_____ .

Es gibt viele verschiedene Sonnensysteme in unserem Weltall.
Die meisten haben zwei Sonnen, manche auch mehr oder weniger.
In einem dieser Systeme leben wir. Um unsere Sonne wandern
ständig acht Planeten in kreisähnlichen Bahnen. Je nach Entfernung
von der Sonne, die für die Wärme zuständig ist, herrschen
verschiedene Temperaturen auf den Planeten.

Der bräunlich aussehende Merkur ist der kleinste und am nächsten
zur Sonne stehende Planet. Seine Oberfläche ähnelt der des Mondes,
da sie aus vielen kleinen Kratern (kreisförmigen Vertiefungen) besteht.
Tagsüber kann es auf dem Merkur beispielsweise +350 °C
heiß werden, nachts ist es dafür eisigkalt, zum Beispiel −170 °C.

Der größte Planet in unserem Sonnensystem ist der Jupiter, der etwa
elfmal so groß wie die Erde ist. Er zieht zwischen Mars und Saturn
seine Bahnen.

Die Venus hat ihre Umlaufbahn um die Sonne zwischen Merkur und Erde.
Sie ist ein wenig kleiner als die Erde und ständig von Wolken umgeben.

Der dritte Planet von der Sonne aus gesehen ist die Erde. Sie erscheint
im Weltall blau. Daher nennt man die Erde auch den blauen Planeten.

Von der Sonne aus gesehen ist der vierte Planet der Mars. Er hat eine
rötliche Farbe, weil er zu einem großen Teil aus Eisen besteht. Die USA
schickten 1997 ein kleines Roboter-Auto auf den Mars. Mit dessen Hilfe
wurden Fotos gemacht, die zeigen, dass dort viele große Steinbrocken
herumliegen. Auch weiß man, dass es große Vulkane auf diesem Planeten
gibt.

Der Saturn ist der sechste Planet in unserem Sonnensystem. Er ist
von einem Ring aus herumfliegenden Eisbrocken und Staub umgeben.
Neben dem Saturn zieht zunächst der Uranus, dann der Planet Neptun
seine Kreise.

Oftmals kreisen Monde um die Planeten. So gehören zum Planeten Neptun
elf Monde, zum Planeten Uranus sogar 24 Monde!

① **Schreibe die acht Planeten geordnet nach ihrer Entfernung zur Sonne auf.**

Sonne

Du kannst dich zum Beispiel im Internet unter **www.blinde-kuh.de/weltall** über die Planeten genauer informieren!

1. _____
2. _____
3. _____
4. _____
5. _____
6. _____
7. _____
8. _____

② **Um welche Planeten handelt es sich bei diesen Bildern?**

_____   _____

③ **Streiche falsche Aussagen durch.**

- Mithilfe eines Roboterautos konnten vom Mars Bilder gemacht werden.
- Je näher ein Planet an der Sonne ist, desto kälter ist in der Regel seine Durchschnittstemperatur.
- Die Oberfläche des Merkurs ähnelt der des Mondes.
- Alle Planeten haben mehrere Monde, die sie umgeben.
- Die Erde wird als blauer Planet bezeichnet.
- Große Temperaturunterschiede findet man auf dem Merkur.

Streiche die Buchstaben durch, ehe du sie einsetzt!

① Was gehört zusammen?
Trage die dazugehörigen Buchstaben ein.

1 ein Hasenfuß sein	zu jemandem halten	**E**
2 allererste Sahne	schnell losrennen	**B**
3 hinter die Ohren schreiben	sehr gut	**C**
4 das Handtuch werfen	ständig Bemerkungen hinzufügen	**E**
5 ein Brett vor dem Kopf haben	sich wehren	**R**
6 die Beine in die Hand nehmen	sich über jemanden lustig machen	**G**
7 jemanden übers Ohr hauen	sehr feige sein	**H**
8 den richtigen Riecher haben	Glück haben	**R**
9 durch dick und dünn gehen	auf etwas Lust haben	**D**
10 Massel haben	aufgeben	**N**
11 mit dem kleinen Finger erledigen	jemanden hintergehen	**I**
12 durch den Kakao ziehen	nichts begreifen	**T**
13 jemanden abblitzen lassen	sich etwas gut merken	**A**
14 gut gerüstet sein	etwas vorausahnen	**G**
15 wie Sand am Meer	gut vorbereitet sein	**L**
16 die Zähne zeigen	im Überfluss	**K**
17 seinen Senf dazugeben	etwas ganz nebenbei tun	**E**
18 auf etwas Bock haben	jemanden zurückweisen	**Ü**

② Entdeckst du den Lösungsspruch?

_ _ _ _ _ _ _ _ _ _ _ _ _ _ _ _ _ _ !